आजादी का मंत्र वंदे मातरम

(150 वर्ष की यात्रा)

डॉ. संदीप कुमार शर्मा

डायमंड बुक्स

www.diamondbooks.in

प्रकाशक : डायमंड पॉकेट बुक्स (प्रा.) लि.
X-30 ओखला इंडस्ट्रियल एरिया, फेस -II
नई दिल्ली- 110020
फोन : 011-40712200
ई-मेल : wecare@diamondbooks.in
वेबसाइट : www:diamondbooks.in
संस्करण : 2026

Azadi Ka Mantra Vande Mataram

by *: Dr. Sandeep Kumar Sharma*

समर्पण

आकाशवाणी को सादर

भूमिका

वंदे मातरम गीत की रचना बंकिमचंद्र चटर्जी ने सन् 1875 में भागीरथी हुगली नदी के तट पर की थी और और अब हम उस गरिमामय रचना के 150 वें वर्ष में प्रवेश कर गये हैं। यह गीत न केवल स्वतंत्रता सेनानियों का मंत्र बना बल्कि अनेक भाषाओं में अनुवाद होने के बाद यह गीत अंतरराष्ट्रीय स्तर पर मां की वंदना के गौरवशाली गीत में शामिल हो गया।

भारत सरकार के संस्कृति मंत्रालय ने 7 नवंबर, 2025 को नई दिल्ली के इंदिरा गांधी इंडोर स्टेडियम में राष्ट्रीय गीत 'वंदे मातरम' के 150 साल पूरे होने के उपलक्ष्य में वर्ष भर चलने वाले कार्यक्रमों का उद्घाटन समारोह आयोजित किया। इस अवसर पर प्रधानमंत्री नरेंद्र मोदी मुख्य अतिथि थे। इससे पहले प्रधानमंत्री नरेंद्र मोदी ने आकाशवाणी से प्रसारित 'मन की बात' कार्यक्रम के 127 वें एपिसोड में 26 अक्तूबर, 2025 को वंदे मातरम गीत का उल्लेख किया था। आकाशवाणी का एक नियम है कि वह प्रधानमंत्री के 'मन की बात' में उल्लिखित मुद्दे पर पोस्ट बॉक्स नंबर 111 में विशेषज्ञों को आमंत्रित कर विस्तार से चर्चा आयोजित करता है।

9 नवंबर, 2025 को प्रसारित इस कार्यक्रम में डॉ. संदीप कुमार शर्मा और मुझे आमंत्रित किया गया। इस वार्ता में सूत्रधार सुश्री नीलम मलकानिया के प्रश्नों का उत्तर देते हुए मैंने बताया कि सन् 1950 में भारतीय संविधान सभा ने 24 जनवरी के अपने अंतिम अधिवेशन में इसे राष्ट्रीयगीत के रूप में स्वीकार किया। डॉ. राजेंद्र प्रसाद ने घोषणा की कि इसे 'जन गण मन' के समान दर्जा मिलेगा। उसी दिन 'जन गण मन' को भारत के राष्ट्रगान के रूप में स्वीकार किया गया। सदन के कार्य समाप्त होने पर अनेक सदस्यों ने वंदे मातरम का उद्घोष किया। फिर 'जन गण मन' गान हुआ और उसके बाद वंदे मातरम गाया गया।

सन् 1875 से 1950 तक की वंदे मातरम की कहानी वास्तव में भारत के स्वतंत्रता संग्राम की कहानी है। स्वतंत्रता आंदोलन के स्वरूप और प्रकृति में जो परिवर्तन आए,

उनसे वंदे मातरम भी अछूता नहीं रहा। हम कह सकते हैं कि स्वतंत्रता आंदोलन और वंदे मातरम एक दूसरे के साथ अभिन्न तौर पर जुड़े रहे।

आनंदमठ उपन्यास बंगाल में सन् 1770 में हुए संयासी विद्रोह की पृष्ठभूमि पर लिखा गया था जब बंगाल में भयंकर अकाल पड़ा था। वंदे मातरम के दो बंद लिखे थे और बाद में पांच और जोड़ दिए। यह पांचों बंद उन्होंने अपने उपन्यास आनंद मठ में शामिल किया।

कहते हैं कि विवादित मसले जल्दी लोकप्रिय हो जाते हैं। कुछ ऐसा ही वंदे मातरम गीत के साथ हुआ। आनंदमठ मुस्लिम विरोधी था। अंग्रेजी शासन की कमियों को उजागर करने वाला था। वंदे मातरम गीत पर यह आरोप लगाया जाता है कि वह मुस्लिम विरोधी था जबकि सच्चाई यह है व्यवस्था का विरोधी था। यही कारण है कि यह गीत रातों-रात लोकप्रिय हो गया।

पहली बार वंदे मातरम का गायन सन् 1896 के कांग्रेस अधिवेशन में हुआ और इसे गाया गुरुदेव रवींद्रनाथ ठाकुर ने। यह इस दृष्टिकोण से भी महत्वपूर्ण है क्योंकि उस समय कांग्रेस के अध्यक्ष थे- रहीमतुल्ला सयानी।

बंग भंग आंदोलन (1904-05) में वंदे मातरम ने शहरों और गांवों में लोकप्रियता हासिल कर ली और वह इस आंदोलन का नारा बन गया। जुलूस हो, प्रदर्शन, प्रभात फेरी और छोटी-बड़ी सभाओं में सभी जगह वंदे मातरम का जय घोष होने लगा। वास्तव में इस गीत ने बंगाल और शेष भारत को पूरी तरह से जगा दिया। इस जयघोष से ब्रिटिश सरकार के पसीने छूट गए और ब्रिटिश भारत सरकार ने इसके सार्वजनिक गायन पर अप्रैल 1906 में प्रतिबंध लगा दिया। अंग्रेजों का यह आदेश कागजी शेर साबित हुआ। मानसिक रूप से जागी हुई जनता को फिर से सुलाना अंग्रेजी हुकूमत के वश की बात नहीं थी। छात्र भी पीछे नहीं रहे। उन पर जुर्माना लगाया गया और कुछ को तो स्कूलों से निष्कासित कर दिया गया। लेकिन वंदे मातरम उनकी जुबान में तो रट गया था। क्रांतिकारियों ने भी वंदे मातर को स्वीकार करते फांसी के फंदे को चूमा और वंदे मातरम का नारा लगाते हुए खुशी-खुशी फांसी के फंदे पर झूल गए।

महात्मा गांधी के आगमन के साथ तो मानो वंदे मातरम क्रांति का पर्याय हो गया। सर्वत्र वंदे मातरम सुनाई दे रहा था। मोहम्मद अली जिन्ना सन् 1905 से कांग्रेस अधिवेशन में लगातार शामिल होते रहे और उन्होंने वंदे मातरम का कभी विरोध नहीं किया। सन् 1920 में कांग्रेस के नागपुर अधिवेशन में डोमिनियन स्टेटस की वजह स्वराज को लक्ष्य घोषित किया और यही से जिन्ना का कांग्रेस विरोध प्रारंभ हुआ। मुस्लिम लीग ने भी सन्

1935 तक वंदे मातरम का विरोध नहीं किया। सन् 1937 में यह विवाद बढ़ गया और रविंद्रनाथ ठाकुर के परामर्श पर वंदे मातरम के पहले दो बंद को अपनाया गया।

वंदे मातरम के इतिहास का यह संक्षिप्त विवरण यह बताता है कि भारतवासियों ने इसे खुले दिल से स्वीकार किया। विरोध का कारण राजनीतिक अधिक था। संविधान सभा में भी वंदे मातरम का किसी ने विरोध नहीं किया और सर्वसम्मति से इसे राष्ट्रीय गीत के रूप में स्वीकार किया गया।

वंदे मातरम की 150 जयंती के अवसर पर हमारे माननीय प्रधानमंत्री श्री नरेंद्र मोदी ने अपने लोकप्रिय कार्यक्रम मन की बात में देशवासियों को बधाई दी और राष्ट्रीय गीत के महत्व को रेखांकित किया। आकाशवाणी ने इस अवसर पर अपने लोकप्रिय कार्यक्रम पोस्ट बॉक्स नंबर 111 @ 150 वंदे मातरम कार्यक्रम में इस पुस्तक के लेखक डॉ. संदीप कुमार शर्मा के साथ-साथ मुझे भी आमंत्रित किया गया। इसके लिए मैं आकाशवाणी का आभार व्यक्त करता हूं। हम दोनों के लिए यह कार्यक्रम सदैव स्मरणीय रहेगा क्योंकि हमारी रिकॉर्डिंग उसी स्टूडियो में की गई जिस स्टूडियो से महात्मा गांधी जी ने अपना पहला और अंतिम संशोधन किया था।

डॉ. शर्मा ने वंदे मातरम पर पूरा शोध किया है और पाठकों को इसका पूरा लाभ होगा। ऐसा मेरा विश्वास है। मैं उनके उज्ज्वल भविष्य की कामना करता हूं।

डॉ. शिवशंकर अवस्थी

पूर्व उपप्राचार्य एवं प्रवक्ता राजनीति विज्ञान,

पीजीडीएवी महाविद्यालय, दिल्ली विश्वविद्यालय

महासचिव, ऑथर्स गिल्ड ऑफ इंडिया

प्राक्कथन

वंदे मातरम।

एक वचन।

एक मंत्र।

एक वचन लिया था स्वतंत्रता आंदोलन के समय सभी हिंदुस्तानियों ने कि बिना किसी भेदभाव के जाति, धर्म, संप्रदाय, वर्ग, क्षेत्र से ऊपर उठकर कि हम सब मिलकर अपने देश को अंग्रेजों की गुलामी से मुक्त करवायेंगे। दो नारे गुलाम भारत की जनता के मुंह चढ़ गए- वंदे मातरम और इंकलाब जिंदाबाद। सन् 1875 की सर्द हवाओं में बंगाल की धरती पर जन्मा 'वंदे मातरम' आजादी का मंत्र बना और अभिवादन का द्योतक हो गया।

स्वतंत्रता-यज्ञ में सभी देशवासियों ने यथायोग्य आहुति दी। अपने वर्तमान की चिंता किए बिना हजारों देशभक्तों ने देश के भविष्य के लिए अपना सब कुछ न्योछावर कर दिया। इतिहास इस बात का साक्षी है कि समाज के प्रत्येक सदस्य ने अपनी हैसियत के हिसाब से मातृभूमि की रक्षा के लिए सक्रिय योगदान दिया। संन्यासी, गृहिणी, कृषक, विद्यार्थी, मजदूर, जमीदार, साहूकार, किशोर, युवक, युवती, वृद्ध, शिक्षक, बुद्धिजीवी, उद्योगपति, सैनिक, यहां तक कि समाज के उपेक्षित वर्ग अर्थात तवायफों और वेश्याओं सहित अनेक विदेशी स्त्री, पुरुष एवं प्रबुद्ध वर्ग सहित अनेक ब्रिटिश सरकार के हिंदुस्तानी और अंग्रेज मुलाज़िमों ने भी आजादी के महासमर में अपना बहुमूल्य योगदान दिया। सन् 1669 में मथुरा के समीप जाट किसानों ने मुगल बादशाह के खिलाफ विद्रोह किया। इस विद्रोह का नेतृत्व स्थानीय जमींदार गोकुल ने किया था। 146 वर्षीय मुगल साम्राज्य के खिलाफ आवाज बुलंद करने का संभवतः यह प्रथम प्रयास था। दूसरा विद्रोह सन् 1672 ईस्वी में किसानों ने मुगल शासन के खिलाफ विद्रोह किय। वह विद्रोह भले ही निर्ममतापूर्ण तरीके से कुचल दिया गया हो। शोषण, अत्याचार और जबरन कर वसूली ने कर्मठ हिंदुस्तानियों कमर तोड़ दी। 184 साल के अंतराल के बाद सन् 1857 में 331 की दबी कुचली चिंगारी

यकायक भड़क उठी। ईस्ट इंडिया कंपनी के चर्बी वाले कारतूसों के खिलाफ 34 वीं बंगाल इंफेंट्री के सिपाही मंगल पांडे ने 29 मार्च, 1857 को कलकत्ता के समीप बैरकपुर छावनी में तत्कालीन लेफ्टिनेंट बाग पर गोली चलाकर घायल कर विद्रोह की चिंगारी सुलगा दी। 8 अप्रैल, 1857 को मंगल पांडे को फांसी दे दी। देशभक्तों के इस ऋण से हम सभी कभी भी उऋण नहीं हो सकते।

स्वतंत्रता के महासमर में अनेक नारे, आदर्श वाक्य, कविताएं और गीत प्रयोग में लाए गए। इन सभी में बंगाल के सुप्रसिद्ध लेखक, उपन्यासकार और गीतकार बंकिमचंद्र चट्टोपाध्याय द्वारा रचित गीत "वंदे मातरम्" न केवल लोकप्रिय हुआ बल्कि हर हिंदुस्तानी के दिलों में बस गया। इसका अंदाजा इसी बात से लगाया जा सकता है कि स्वतंत्रता आंदोलन के साक्षी रहे प्रत्येक परिवार की भावी पीढ़ी ने अपने बच्चों को "वंदे मातरम्" गीत कंठस्थ करवा दिया।

स्वतंत्रता आंदोलन के दौरान यह गीत धार्मिक आस्थाओं के ऊपर था। यही कारण है कि कुछ ही दिनों में "वंदे मातरम : एक गीत मंत्र बन गया।" मंत्र आजादी के दीवानों का, मंत्र विद्यार्थियों का, मंत्र समाज के हर तबके का कब बन गया अंग्रेज कभी समझ नहीं पाए। देश और धरती मां के समान थी। सभी धर्मो, संप्रदायों और समाज में मां स्थान भगवान के समान माना गया है। प्राचीन ग्रंथों और लोककथाओं में उल्लेख मिलता है कि ईश्वर हर घर में सदैव उपस्थित नहीं हो सकता इसीलिए उसने मां को अपना प्रतिनिधि बनाया। हम इंसान ही क्यों पशुओं, पक्षियों, जानवरों और अन्य जीवों में भी जननी का विशेष स्थान है। भले ही उनकी अपनी कोई समृद्ध भाषा न हो, उनमें अभिव्यक्ति की चेष्टा तो हम इंसानों से ज्यादा सशक्त है। प्यार की भाषा ही सबसे बड़ा हथियार है।

आज वह वचन, वह संकल्प, वह उत्साह और वह राष्ट्रप्रेम बेमानी हो गया है। खो गया है कहीं जाति, धर्म और सत्ता के लोभ में। प्रेम, सद्भावना और सांप्रदायिकता से ऊपर उठकर महात्मा गांधी ने स्वतंत्र भारत की जो छवि देशवासियों की आँखों में संजोइ थी वह धूमिल हो गई है।

एक समय था "वंदे मातरम्" का उद्घोष गौरव की बात मानी जाती थी। अंग्रेजों के सामने अपना विरोध प्रकट करने का सबसे अच्छा तरीका बन गया था "वंदे मातरम्" कहना। अंग्रेज अफसर इस शब्द को सुनकर तिलमिला उठते थे। उनका क्रोध सातवें आसमान पर पहुंच जाया करता था। देशभक्त भी यह बात जानते थे कि "वंदे मातरम्" सुनते ही अंग्रेज आपे से बाहर हो जाते हैं और उनका अत्याचार भी अपने चरम पर पहुंच

जाता है, मगर फिर भी, यह सब जानते हुए भी हिन्दुस्तानियों ने अपनी मातृभूमि की रक्षा के प्रयासों में कोई कमी नहीं आने दी।

हमारा देश भारत हिमालय से लेकर हिंद महासागर तक, थार रेगिस्तान से लेकर सिक्किम के बर्फीले पहाड़ों तक खूबसूरत नज़ारों से भरा देश है। यह अपने क्षेत्रों, भाषाओं, खान-पान, पहनावे और त्योहारों की विविधता के लिए भी जाना जाता है। आज हम जिस शिक्षा, रोजगार, व्यवसाय, धर्मनिरपेक्षता और लोकतंत्र का आनंद ले रहे हैं, वह उन लाखों भारतीयों के रक्तपात का परिणाम है, जिन्होंने ब्रिटिश शासन के विरुद्ध संघर्ष किया और अत्याचार की बेड़ियां तोड़ने के लिए अपने प्राणों की आहुति दी। हजारों स्वतंत्रता सेनानियों ने देश को आजादी दिलाने में महत्वपूर्ण भूमिका निभाई। हमारे देश के वीरों को देशभक्ति का जो आशीर्वाद प्राप्त हुआ उसी के दम पर उन्होंने यह सिद्ध कर दिया कि साहस की कोई सीमा नहीं होती।

स्वतंत्रता के उपरांत इस मंत्र को पूर्ण सम्मान, समर्थन और समुचित स्थान प्रदान दिया गया। भारत के राष्ट्रगीत का सम्मान "वंदे मातरम्" को प्राप्त है। आज कुछ लोग अपने निजी स्वार्थ के कारण इसके सर्वत्र गायन का विरोध करने पर आमादा हैं। लेकिन शायद ऐसे लोग यह भूल जाते हैं कि "वंदे मातरम्" का विरोध नहीं कर रहे हैं बल्कि वह अपने उन बड़े-बुजुर्गों का अपमान कर रहे हैं जिनकी वह संतान हैं। वह अपनी मां का अपमान कर रहे हैं जिसने उन्हें जन्म दिया। "मां" धर्म, संप्रदाय, जात-पात, क्षेत्रवाद और देश-सीमा से ऊपर है। "वंदे मातरम" मां की वंदना हैं। गुलामी के भयावह अंधकार से बाहर निकालने में देशभक्तों ने अपने वर्तमान की कुर्बानी देकर सभी को आजाद हिंदुस्तान के खुशनुमा माहौल में सांस लेने की एक सहूलियत दी है। अगर वह भी संक्रिण मानसिकता के शिकार हो कर "वंदे मातरम्" का विरोध करते तो शायद हम आज भी गुलामी के भयावह अंधकार में जीवन यापन कर रहे होते। क्या आज इसका विरोध करने वाले स्वतंत्रता सेनानियों का कर्ज उतार पाएंगे?

सन् 1997 में स्वतंत्रता की पचासवीं वर्षगांठ पर एक वृत्तचित्र के लिए मैंने विभिन्न पुस्तकालयों में जाकर शोध कार्य संपन्न किया था। वृत्तचित्र का प्रसारण दूरदर्शन पर हुआ। उसके बाद अनेक बार यह विचार मन में आया कि 'वंदे मातरम' के शोध कार्य को पुस्तक आकार दूं। लेकिन व्यक्तिगत और अन्य कार्यों में व्यस्त होने के कारण यह संभव नहीं हो पाया। वर्ष 2018 में एक छोटी ई-बुक अवश्य प्रकाशित हुई। नवंबर, 2025 में आकाशवाणी में कार्यरत सुश्री नीलम मलकानिया का संदेश मिला कि वंदे मातरम गीत पर एक भेंट वार्ता में आप और दिल्ली विश्वविद्यालय से संबद्ध पी जी डी ए वी महाविद्यालय

के पूर्व उपप्राचार्य एवं राजनीति विज्ञान के प्रतिष्ठित अध्यापक डॉ. शिवशंकर अवस्थी जी आकाशवाणी में सादर आमंत्रित हैं। तब एक बार पुनः सन् 1997 की वंदे मातरम फाइल खुली। आकाशवाणी के उद्देश्य को ध्यान में रखते हुए एक बार पुनः वंदे मातरम पर शोध किया। एक सौ पचास वर्ष की यात्रा तय करनी थी। इन 150 वर्षों में बहुत कुछ बदल गया। ए आर रहमान ने नया तर्जुमा पेश किया। जिसे युवाओं ने अपने ओठों पर सजा लिया। आकाशवाणी के कार्यक्रम पोस्ट बॉक्स नंबर 111 @ 150 वंदे मातरम के लिए जो कार्य संपन्न किया वह अब पुस्तक आकार में पाठकों की सेवा में प्रस्तुत है।

यह पुस्तक आकाशवाणी को विशेष रूप से इसलिए समर्पित है क्योंकि आकाशवाणी के श्री बी आर नागर जी ने मुझे पहला अवसर दिया था कि मैं उनके वृत्तचित्र - "महोत्सव नगर महोबा के लिए शोध करूं और आलेख लेखन में मदद करूं। यहीं से मेरे जीवन की शुरुआत आकाशवाणी और दूरदर्शन के साथ काम करने की हुई। श्री बी आर नागर जी को स्मरण करना मैं अपना कर्तव्य समझता हूं।

वृत्तचित्र के लिए शोध करते समय मेरे स्वतंत्रता सेनानी एवं वरिष्ठ अधिवक्ता पिताश्री विष्णु दत्त शर्मा जी ने भी मार्गदर्शन किया। उन्हें स्मरणांजलि। शत-शत नमन।

मैं प्रमोद कुमार वत्स, सहायक निदेशक (कार्यक्रम), कार्यक्रम निर्माता शाहनवाज खान और सूत्रधार नीलम मलकानिया का तहेदिल से शुक्रगुजार हूं जिन्होंने मेरे शोध कार्य को मान्यता देते हुए मुझे आकाशवाणी के कार्यक्रम के लिए आमंत्रित किया।

मैं अपने अग्रज भ्राता डॉ. शिवशंकर अवस्थी जी का भी आभार व्यक्त करता हूं जिन्होंने पुस्तक लेखन के समय आने वाली अनेक भ्रांतियों का निराकरण कर सहायता की।

डायमंड बुक्स के स्वामी श्री नरेंद्र वर्मा जी का भी आभार व्यक्त करना मैं अपना हार्दिक कर्तव्य समझता हूं जिन्होंने बड़ी तत्परता के साथ इस पुस्तक के प्रकाशन में रूचि ली और पाठकों तक पहुंचाने का संकल्प लिया। वह दीर्घायु हों मैं ऐसी कामना करता हूं।

अपने सुधी पाठकों से यह वचन लेकर कि वह अपनी मातृभूमि के सम्मान पर कभी आंच नहीं आने देंगे, मैं अपने वचन को विराम देता हूं।

9 नवंबर, 2025

डॉ. संदीप कुमार शर्मा

अनुक्रम

भूमिका ---------- 5

प्राक्कथन ---------- 9

1. वंदे मातरम का मूल पाठ ---------- 15

2. वंदे मातरम डाक टिकट ---------- 16

3. बंकिमचन्द्र चट्टोपाध्याय डाक टिकट ---------- 17

4. वंदे मातरम का हिंदी अनुवाद ---------- 19

5. वंदे मातरम ध्वज ---------- 22

6. विश्व में दूसरे पायदान पर है वंदे मातरम ---------- 24

7. देश काल ---------- 25

8. समकालीन ---------- 34

9. बंकिमचंद्र चट्टोपाध्याय ---------- 35

10. ऐतिहासिक पृष्ठभूमि ---------- 40

11. आनंदमठ ---------- 42

12. प्रतिबंध ---------- 53

13. कांग्रेस और वंदे मातरम ---------- 56

14. देशभक्तों के विचार और योगदान ---------- 59

15. एक गीत जो मंत्र बन गया ---------- 71

16. कांग्रेस अधिवेशन और वंदे मातरम ---------- 73

17. लोकप्रियता के माध्यम ---------- 75

18. राष्ट्रगीत ---------- 86

19. वंदे मातरम का भावार्थ ---------- 90

20. विवाद ---------- 94

21. अनुवाद ---------- 99

22. अवधि ---------- 102

23. स्वातंत्र्योत्तर वंदे मातरम -- 103
24. बंकिम से रहमान की यात्रा -- 107
25. लयबद्ध संगीत -- 113
26. गीत, ग़ज़ल कविता -- 120
27. वंदे मातरम पर प्रधानमंत्री के संबोधन का मूल पाठ ---------------------- 124
28. रेडियो वार्ता -- 132

परिशिष्ट

1. ध्वनि मुद्रिका और वंदे मातरम -- 136
2. प्रस्तुति और प्रसारण -- 141
3. बड़ी बेटी को पसंद नहीं आया -- 143
4. बांग्ला भाषा में वंदे मातरम -- 144
5. वंदे मातरम और अरबिंदो -- 146
6. हिंदू और मुसलमान दोनों शामिल -- 146
7. अनुवाद -- 147
8. वंदे मातरम् और लोकगीत -- 148
9. वंदे मातरम् और नारे -- 148
10. वंदे मातरम विवाद -- 149
11. वंदे मातरम : साल भर उत्सव -- 150
12. मन की बात और प्रधानमंत्री -- 151
13. वंदे मातरम और दिल्ली विधानसभा -- 153
14. वंदे मातरम और महाराष्ट्र -- 153
15. वंदे मातरम और बंगाल -- 154
16. भारतीय दूतावासों में वंदे मातरम स्मरण उत्सव -- 155
17. संसद में चर्चा -- 155
18. संदर्भ -- 167

वन्दे मातरम्।
सुजलां सुफलां मलजयशीतलाम्
शस्यश्यामलाम् मातरम्।

शुभ्रज्योत्सना पुलकितयामिनीम्
पुल्लकुसुमित द्रुमदलशोभिनीम्
सुहासिनीं सुमधुर भाषिनीम्
सुखदां वरदां मातरम्॥

कोटि कोटि कन्ठ कलकलनिनाद कराले
कोटि कोटि भुजैधृतखरकरवाले
के बोले मा तुमि अबले
बहुबलधारिणीं नमामि तारिणीम्
रिपुदलवारिणीं मातरम्॥

तुमि विद्या तुमि धर्म, तुमि हृदि तुमि मर्म
त्वं हि प्राणा: शरीरे
बाहुते तुमि मा शक्ति,
हृदये तुमि मा भक्ति,
तोमारे प्रतिमा गडि मंदिरे मंदिरे... वन्दे मातरम्॥

त्वं हि दुर्गा दशप्रहरणधारिणी
कमला कमलदल विहारिणी
वाणी विद्यादायिनी, नमामि त्वाम्
नमामि कमलां अमलां अतुलाम्
सुजलां सुफलां मातरम्... वन्दे मातरम्॥

वन्दे मातरम् VANDE MATARAM
वन्दे मातरम् ।
सुजलाम् सुफलाम् मलयजशीतलाम्
सस्यश्यामलाम् मातरम् ॥ वन्दे०॥
शुभ्रज्योत्स्नापुलकितयामिनीम्
फुल्लकुसुमित द्रुमदलशोभिनीम्
सुहासिनीम् सुमधुरभाषिणीम्
सुखदाम् वरदाम् मातरम् ॥ वन्दे०॥
25
भारत INDIA
1976

बंकिमचंद्र चटर्जी पर डाक टिकट सन् 1969 में भारत के डाक विभाग द्वारा जारी किया गया था। यह एक स्मारक डाक टिकट था जो बंकिमचंद्र चटर्जी को उनके योगदान के लिए सम्मानित करने हेतु जारी किया गया था।

वंदे मातरम का हिंदी अनुवाद

सुजलाम् सुफलाम् मलयज शीतलाम्
शस्यश्यामलाम् मातरम्।।

माँ, मैं तुम्हें प्रणाम करता हूँ!
तेरी तीव्र गति वाली बाधाओं से समृद्ध,
बगीचे की चमक से उज्ज्वल,
तेरी प्रसन्नता की हवाओं से शीतल,
लहराते अंधेरे खेत पराक्रम की माँ,
माँ मुक्त।

शुभ्रज्योत्सनाम् पुलकितयामिनीम्
पुलकुसुमिता द्रुमदल शोभिनीम्
सुहासिनीम् सुमधुर भाषिणीम्
सुखदाम् वरदाम् मातरम्।।

चाँदनी सपनों की महिमा,
तेरी शाखाओं और प्रभुमय जलधाराओं पर,
तेरे खिलते वृक्षों में लिपटी,
माँ, सहजता की दाता,
धीमी और मीठी हँसती हुई!
माँ, मैं तेरे चरण चूमता हूँ,
वक्ता मधुर और नम्र!
माँ, मैं तुम्हें प्रणाम करता हूँ।

कोटि कोटि कंठ कालका निनाद कराले
कोटि कोटि भुजैर्धृत खरकरवाले
अबला केनो माँ एतो बले
बाहुबलधारी नाम नमामि तारिणीम
रिपुदल वारीनीम मातरम्।।

किसने कहा है कि तुम अपनी धरती पर कमजोर हो,
जब सत्तर करोड़ हाथों में तलवारें फैली हों और सत्तर करोड़ आवाज़ें
किनारे से किनारे तक तुम्हारा भयानक नाम गरज रही हों?
अनेक शक्तियों के साथ, जो पराक्रमी और संचित हैं,
मैं तुम्हें माँ और भगवान पुकारता हूँ!
हालांकि जो बचाती है, उठो और बचाओ!
मैं उसे पुकारता हूँ, जिसे उसके शत्रु ने
मैदान और समुद्र से वापस खदेड़ दिया
और खुद को मुक्त कर लिया।

तुमि विद्या तुमि धर्म
तुमि ह्दये तुमि मर्म त्वं हि प्राणाः शरीरे बाहुते तुमि मा शक्ति ह्दये
तुमि मा भक्ति तोमार ई प्रतिमा गादी मंदिर मंदिर।।

तू बुद्धि है, तू कानून है,
तू ह्दय है, तू हमारी आत्मा है, तू हमारी सांस है,
यद्यपि तू दिव्य प्रेम है, हमारे ह्दय में विस्मय है
जो मृत्यु पर विजय प्राप्त करता है।
वह शक्ति तेरी है जो बाँह को घबराती है,
तेरी ही सुंदरता है, तेरा ही आकर्षण है।
हमारे मंदिरों में दिव्य बनी हर छवि आपकी ही है।

त्वं हि दुर्गा दशप्रहरणधारिणी
कमला कमलदल विहारी
वाणी विद्यादायिनी नमामि त्वाम् नमामि
कमलां अमलां अतुलाम् सुजलां सुफलाम् मातरम्।।

तुम दुर्गा हो, हे देवी और रानी,
जिनके प्रहार करने वाले हाथ और चमकती हुई तलवार हैं,
तुम कमल सिंहासन वाली लक्ष्मी हो और सौ स्वरों वाली सरस्वती हो,
अद्वितीय शुद्ध और परिपूर्ण, माता अपना ध्यान दो, हे तेरी वेगवान धाराओं से समृद्ध, हे तेरे बागों की आभा से उजली, हे श्यामवर्णी

श्यामला सरला सुष्मिता भूषिता
धरणि भरनी मातरम्।।

हे तेरी आत्मा में, रत्नजड़ित केशो से और तेरी दिव्य महिमामय मुस्कान से,
समस्त पार्थिव देहों में सबसे मनोहर, संचित हाथों से धन की वर्षा करती हुई!
हे माँ, हे मेरी माँ!
हे मधुर माँ, मैं तुझे प्रणाम करता हूँ, हे महान और मुक्त माँ!

मौलिक वंदे मातरम गीत के पांच पद हैं। कांग्रेस ने सभी विवादों का निस्तारण करते हुए पहले दो पदों के गायन की अनुमति दी। आज भी पहले दो पदों का गायन होता है। ❐

ध्वज

'वंदे मातरम' की लोकप्रियता की वजह से ही जब गुलामी के काल में पहली बार भारत का एक तिरंगा सामने आया तो उसमें संस्कृत के इन दोनों ही पवित्र शब्दों को उकेरा गया था। सन् 1906 में जब देश में स्वदेशी और बहिष्कार आंदोलन चल रहा था, तब पहली बार कलकत्ता (कोलकाता) के पारसी बागान स्कॉयर में यह तिरंगा फहराया गया था, जिस पर 'वंदे मातरम' लिखा हुआ था। इस झंडे का ऊपरी हिस्सा हरा था, जिस पर 8 कमल निशान, बीच में पीली और नीचे लाल रंग वाली पट्टी थी।

एक साल बाद ही सन् 1907 में मैडम भीकाजी कामा ने पेरिस में भी कुछ संशोधन के साथ एक तिरंगा फहराया। इसमें ऊपर केसरिया, बीच में पीली और नीचे हरी रंग की पट्टी थी, लेकिन 'वंदे मातरम' अपनी जगह कायम था। इस बार ऊपर की केसरिया पट्टी पर 8 कमल निशान उकेरे गए थे। हालांकि, जुलाई 1947 में राष्ट्र ध्वज के रूप में जिस तिरंगे को अपनाया वह से पूरी तरह से अलग है।

स्वतंत्रता आंदोलन के समय अनेक ध्वज प्रयोग में लाए गए। वंदे मातरम के लोकप्रिय होने के बाद इसका प्रयोग ध्वज पर लिखकर भी किया जाने लगा था।

बंगाल केब्रह्म समाजी नेता कृष्ण कुमार मिश्र ने विदेशी वस्तुओं के बहिष्कार की एक समिति का गठन किया था। समिति के स्वयं सेवकों ने सुरेन्द्रनाथ बनर्जी को एक ध्वज भेंट किया। लाल, हरे और पीले रंग के इस ध्वज पर आठ अर्धविकसित कमल, सूर्य और अर्धचंद्र के साथ ध्वज के बीचों-बीच देवनागरी लिपि में लिखा था- "वंदे मातरम"।

❐

विश्व में दूसरे पायदान पर है वंदे मातरम

बंकिमचंद्र चटर्जी द्वारा रचित एक अत्यंत प्रसिद्ध कविता के बोल, एक देशभक्तिपूर्ण हिंदी गीत। अनेक लोग इसे भारत का राष्ट्रीय गीत मानते हैं। 50 के दशक की फिल्म "आनंदमठ" में गाया गया।

❐

अध्याय-1

देश काल

सन् 1672 ईस्वी में किसानों ने मुगल बादशाह औरंगजेब के खिलाफ विद्रोह किया था। नारनौल में शिकदार यानी मुगल राजस्व अधिकारी के एक मुगल पैदल सैनिक ने सतनामी किसान की लाठी मार कर हत्या कर दी थी। जिसके विरोध में सतनामी धार्मिक संप्रदाय ने आवाज बुलंद की। सतनामी अधिकतर किसान, दस्तकार तथा नीची जाति के लोग थे। सत्रहवीं शताब्दी में सतनामी संप्रदाय की स्थापना "बाबा घासीदास" ने की थी। नारनौल में सन् 1657 में सतनामी संप्रदाय की स्थापना "बीरभान" नामक संत की थी। इस विद्रोह को दबाने में स्थानीय हिन्दू राजपूत जमींदारों ने मुगलों का साथ दिया था।

1757 से 1856 तक की स्थिति

सन् 1756 में कर्नाटक और तंजावुर क्षेत्र ईस्ट इंडिया कम्पनी के अधीन हो गये थे। इसके बाद ईस्ट इंडिया कंपनी ने सन् 1757 बंगाल को अपने प्रभाव में ले लिया। सन् 1761 में हैदराबाद निज़ाम ने कंपनी से मित्रता कर ली। सन् 1765 में बंगाल की स्वतंत्रता समाप्त कर दी गयी। इसी वर्ष इलाहाबाद की संधि द्वारा दिल्ली के सम्राट शाह आलम और अवध के नवाब शुजाउद्दौला के साथ कंपनी की मैत्री हो गयी तथा भारतीय रियासतों के साथ उसके संबंधों का वास्तविक सूत्रपात हुआ।

1765 से 1798 तक की स्थिति

सन् 1765 से 1798 के मध्य ईस्ट इंडिया कंपनी ने दक्षिण भारत में अपनी स्थिति मजबूत कर ली थी। कंपनी के अधिकारी मराठा, अफगान तथा मैसूर के सुल्तानों से डरते थे। इस कारण आत्मरक्षा की नीति अपनाई गई। कंपनी ने सुरक्षात्मक उपाय करने के उद्देश्य से आरक्षण नीति के द्वारा पड़ोसी राज्यों को अन्तरिम राज्य बनाया। इसका लाभ ईस्ट इंडिया कंपनी को मिला और नवनिर्मित ईस्ट इंडिया कंपनी का राज्य शक्तिशाली मित्र राज्यों से घिर कर सुरक्षित बन गया।

रियासतों के प्रति जितनी नीतियाँ कम्पनी ने भविष्य में अपनायी उनमें से अधिकांश अवध में पौषित हुई। इस काल में कम्पनी ने मैसूर तथा मराठा राज्य में फूट डालकर हैदराबाद के सहयोग से उनके विरुद्ध युद्ध किये। अवध को रुहेलखण्ड हड़पने में सहायता देकर रामपुर को छोटा राज्य बना दिया। ट्रावनकोर और कुर्ग दुर्ग कंपनी के संरक्षण में आ गये।

1799 से 1805 तक की स्थिति

सन् 1799 से 1805 तक लॉर्ड वेलेजली की नीति के परिणामस्वरूप सूरत शहर, कर्नाटक तथा तंजौर के राज्यों का अंत हो गया। अवध, हैदराबाद, बड़ौदा, पुणे और मैसूर सहायक संधियों द्वारा कंपनी के शिकंजे में बुरी तरह जकड़ लिये गये। अब वह केवल अर्ध स्वतंत्र राज्य भर रह गये थे। इसके अतिरिक्त उनकी और कुछ भी हैसियत न थी। उनकी बाह्य नीति पर भी ब्रिटिश शासन का नियंत्रण हो गया। सैनिक शक्ति घटा दी गयी। राज्यों में उन्हीं के खर्च पर सहायक सेना रखी गयी जिसके बल पर आन्तरिक आक्रमणों तथा विद्रोहों से उनकी रक्षा की गयी। राजाओं की गतिविधियों पर दृष्टि रखने तथा ब्रिटिश हितों की सुरक्षा एवं वृद्धि के लिये उनकी राजधानियों में ईस्ट इंडिया कंपनी के प्रतिनिधि रहने लगे।

युद्ध में पराजित होकर नागपुर और ग्वालियर भी उसी जाल में फँस गये। भरतपुर ने ब्रिटिश आक्रमणों को विफल बनाने के पश्चात् संधि कर ली। इसी समय से रियासतों के शासक उत्तरदायी नहीं थे। उनके आंतरिक शासन में अनेक बहानों से ब्रिटिश रेजिडेंट हस्तक्षेप करने लगे।

1817 से 1813 तक की स्थिति

सन् 1805 से 1813 तक ब्रिटिश कम्पनी ने देशी राज्यों के प्रति हस्तक्षेप न करने की नीति अपनाई। इस कारण ट्रावनकोर तथा सरहिन्द के राज्य उसके अधीन हो गये। सतलज पंजाब की सीमा बना दी गयी। सिंध और पंजाब कंपनी के मित्र बन गये।

1817 से 1818 तक की स्थिति

सन् 1817-1818 में कई राज्य लार्ड हेस्टिंग्स की आक्रामक नीति के शिकार बने। मराठा संघ को नष्ट करके सतारानगर को छोटा-सा राज्य बना दिया गया। राजपूताना, मध्य भारत तथा बुन्देलखण्ड के सभी राज्य सतत मित्रता तथा सुरक्षा की संधियों द्वारा कंपनी के करदाता राज्य बन गये। ग्वालियर, नागपुर तथा इन्दौर पर पहले से अधिक अपमानजनक संधियाँ लाद दी गयी। भोपाल के प्रति रक्षात्मक संधि द्वारा अंग्रेजों की अधीनता मान ली।

अमीर खाँ, गफूर खाँ तथा करीम खाँ को क्रमश: टोंक, जावरा तथा गणेशपुर की रियासतें दी गयी। नतीजा यह हुआ कि ब्रिटिश सार्वभौम सत्ता सारे हिंदुस्तान में फैल गयी।

1773 का रेगुलेटिंग एक्ट

ईस्ट इंडिया कंपनी ने देश में अपना प्रभुत्व स्थापित कर लिया था। अब कंपनी देश के अधिकारियों और सैनिकों पर नियंत्रण करना चाहती थी। दूसरा कारण था कि कंपनी को प्राप्त विशेषाधिकारों पर मुक्त व्यापार और पूंजीवाद का प्रतिनिधित्व करने वाले अर्थशास्त्रियों द्वारा आलोचना करना था तीसरा कारण कंपनी के हितों तथा ब्रिटिश समाज के प्रभावशाली लोगों के बीच संतुलन कायम करना था। इन सब के लिए एक कानून की आवश्यकता थी।

1773 के रेगुलेटिंग एक्ट के तहत कंपनी का पूर्व के साथ व्यापार पर एकाधिकार बना रहा। इस कानून के कारण कंपनी के कोर्ट ऑफ डायरेक्टर्स के गठन में परिवर्तन हुआ था। उनकी गतिविधियां ब्रिटिश सरकार की निगरानी में आ गई। भारत में अपने अधिकारी नियुक्त करने का कंपनी का बहुमूल्य अधिकार उसी के हाथ में बना रहा।

1784 का पिट इंडिया एक्ट

1784 के पिट का इंडिया एक्ट कानून ने बंबई और मद्रास प्रेसीडेंसियों को युद्ध, कूटनीति और राजस्व के मामलों में स्पष्ट शब्दों में बंगाल के अधीन कर दिया। इस कानून के साथ भारत में ब्रिटिश विजय का एक नया युग आरंभ हुआ।

सन् 1757 ईस्वी के पश्चात सौ वर्षों में विदेशी राज्य तथा उसके संलग्न कठिनाइयों के विरुद्ध अनेक आंदोलन, विद्रोह तथा सैनिक विप्लव हुए। इस अवधि में मुख्य रूप से फकीर विद्रोह, संयासी विद्रोह, वहाबी आंदोलन, कूका आंदोलन जैसे राजनीतिक और धार्मिक आंदोलन हुए, साथ ही कई किसान विद्रोह, आदिवासी आंदोलन और साहूकारों के खिलाफ नागरिक विद्रोह भी हुए। 1857 का भारतीय विद्रोह इस काल का सबसे बड़ा और प्रमुख आंदोलन था।

पूर्वी भारत में विद्रोह

पूर्वी भारत और बंगाल के विद्रोह निम्नलिखित हैं -

संयासी विद्रोह

सन् 1770 ईस्वी में बंगाल में भीषण अकाल पड़ा। यहां अंग्रेजी शासन स्थापित होने से जो नयी अर्थव्यवस्था विकसित हुई। उस कारण से ज़मीदार, कृषक, और शिल्पकार सभी नष्ट हो गये।

तीर्थ यात्रा पर आने-जाने पर लगे प्रतिबंध से संन्यासी क्षुब्ध हो गये। संन्यासियों की अन्याय के विरुद्ध लड़ने की परंपरा थी और उन्होंने आम जनता से मिलकर ईस्ट इंडिया कंपनी की कोठियों और कोषों पर आक्रमण किए। वारेन हेस्टिंग्स ने एक लंबे अभियान के बाद संयासियों के विद्रोह को दबाने में सफलता प्राप्त की।

चुआर तथा हो का विद्रोह

सन् 1768 में बंगाल के भीषण अकाल, बढ़े हुए भूमि कर तथा अन्य आर्थिक संकटों के कारण मिदनापुर जिले की आदिम जाति के चुनार लोगों ने विद्रोह कर दिया। इसके साथ-साथ दल भूम, कैला पाल, ढोल्का और बीरभूम के राजाओं ने मिलकर इसी वर्ष विद्रोह कर दिया।

सन् 1820-22 और फिर 1831 में छोटा नागपुर तथा सिंहभूम जिले के हो तथा मुण्डा लोगों ने कंपनी की सेना से टक्कर ली। यह क्षेत्र सन् 1837 तक अशांत रहा।

कोल विद्रोह

सन् 1831 में छोटा नागपुर के कोल समुदाय के लोगों ने लगभग एक हजार विदेशियों को या तो जला दिया या उनकी हत्या कर दी। यह विद्रोह रांची, सिंहभूम, हजारीबाग, पाला मऊ, तथा मानभूम के पश्चिमी क्षेत्रों में फैल गया।

संथाल विद्रोह

राजमहल जिले के संथालों ने भूमि कर अधिकारियों के हाथों दुर्व्यवहार, पुलिस की दमनकारी नीतियों, जमींदारों, साहूकारों की नाजायज वसूली, आदि के विरुद्ध विद्रोह किया।

अहोम विद्रोह

अहोम अभिजात वर्ग असम से संबंधित है। इस वर्ग ने कंपनी पर बर्मा युद्ध के पश्चात लौटने का वचन पूरा नहीं करने का आरोप लगाया। जब कंपनी ने अहोम क्षेत्र को भी अपने राज्य में मिलाने का प्रयास किया तब अहोम समुदाय के लोगों ने विद्रोह कर दिया। सन् 1828 में अहोम समुदाय के लोगों ने गोमधर कुंवर नामक व्यक्ति को अपना राजा घोषित कर दिया।

खासी विद्रोह

असम के खासी समुदाय ने भी कंपनी के अत्याचारों के खिलाफ बिगुल बजाया।

पागल पंथी तथा फरैजियों का विद्रोह

पागल पंथ उत्तरी बंगाल के क्रम शाह द्वारा प्रारंभ किया गया एक अर्ध-धार्मिक संप्रदाय था। इस संप्रदाय के अनुयायियों ने जमींदारों के अत्याचारों के खिलाफ आवाज बुलंद की। गारो की पहाड़ियों पर सन् 1840 से 1850 में अनेक विद्रोह किए।

फराजी संप्रदाय बंगाल के फरीदपुर के हाजी शरीयतुल्ला द्वारा शुरू किया गया था। यह संप्रदाय सन् 1838 से 1857 तक सक्रिय रहा। सन् 1857 में इस संप्रदाय के अधिकांश अनुयायी वहाबी संप्रदाय के सदस्य हो गये।

पश्चिम भारत में विद्रोह

पश्चिम भारत में भी कंपनी के खिलाफ अनेक आंदोलन हुए।

भील विद्रोह

पश्चिमी तट के खानदेश जिले के भील आदिवासियों ने अंग्रेजों के विरुद्ध बिगुल फूंका। सन् 1812 में शुरू हुए विरोध के स्वर 1846 तक गूंजते रहे। सन् 1825 में विद्रोह का नेतृत्व सेवराम ने किया।

कोल विद्रोह

अंग्रेजों के द्वारा भीलों के पड़ोसी कोल समुदाय के दुर्गों को नष्ट करने से संपूर्ण कोल समुदाय अंग्रेजों से नाखुश हो गया। सन् 1829, 1839, 1844, और 1848 में अनेक विद्रोह हुए।

कच्छ का विद्रोह

कच्छ तथा काठियावाड़ के राजाओं, क्रमशः राजा भारमल एवं राजा करेजा के सरदारों में अंग्रेजों के खिलाफ रोष था। सन् 1819 में राजा भारमल को हराकर अंग्रेजों ने उसके अल्पवयस्क पुत्र को सिंहासन पर बैठा दिया था। जबकि वास्तविक शासन एक परिषद को सौंपा गया था और इस परिषद का निदेशक एक अंग्रेज रेजिडेंट के अधीन था।

बघेरा विद्रोह

ओखा मंडल के बघेरे आरंभ से ही अंग्रेजों के विरोधी रहे। बड़ौदा के गायकवाड़ ने अंग्रेजों की सहायता से इन पर अधिकार करने का प्रयास किया तो बघेर सरदार ने सशस्त्र विद्रोह कर दिया। 1818-1819 में उन्होंने अंग्रेजी प्रदेशों पर भी आक्रमण किया था।

सूरत का नमक आंदोलन

सन् 1844 में अंग्रेजों ने नमक कर आधा रुपया प्रति मन से बढ़कर एक रुपये प्रति

मन कर दिया। इस कारण सूरत क्षेत्र में असंतोष व्याप्त हो गया। इसके उपरांत सन् 1848 में अंग्रेजों ने एक मानक नाप-तोल लागू करने का प्रयास किया तो लोगों ने इसका विरोध किया। अंततः अंग्रेजों ने अपना फरमान वापस ले लिया।

रमोसी विद्रोह

रमोसी नामक एक आदिवासी जाति पश्चिमी घाट पर रहती थी। यह आदिवासी जाति अंग्रेजों की घोर विरोधी थी। इस जाति के लोगों ने अनेक अवसरों पर अंग्रेजों के विरुद्ध विद्रोह किये।

कोल्हापुर और सावंतवाडी विद्रोह

सन् 1844 के पश्चात कोल्हापुर राज्य में प्रशासनिक पुनर्गठन होने के कारण लोगों में असंतोष फैल गया। परिणाम स्वरूप व्यापक स्तर पर विद्रोह फैल गया।

दक्षिण भारत में विद्रोह

संपूर्ण भारत में स्थानीय कारक अंग्रेजों के खिलाफ जनमानस को विद्रोह की राह पर चलने के लिए विवश कर रहे थे।

विजयनगर राजा का विद्रोह

सन् 1765 में ईस्ट इंडिया कंपनी ने उत्तरी जिलों पर कब्जा करने के बाद वहां कठोर शासन करके विरोध की अग्नि प्रज्ज्वलित कर दी। इसके बाद अंग्रेजों ने राजा को आदेश दिया कि वह अपनी सेना भंग कर दे और तीन लाख रुपए कंपनी को भेंट करें। राजा ने अंग्रेजों की बात नहीं मानी और विद्रोह भड़क उठा। लड़ते-लड़ते राजा मारा गया।

पॉलीगर विद्रोह

मालाबार और डिंडीगुल के पोलीगर लोगों ने सन् 1801-05 में विद्रोह किया। मद्रास प्रेसीडेंसी में भी पॉलीगर लोगों ने अंग्रेजों के खिलाफ आवाज बुलंद की।

दीवान वेला टम्पी का विद्रोह

कंपनी के एक अधिकारी वेलेजली ने सन् 1805 में त्रावणकोर के महाराजा को सहायक संधि करने के लिए विवश किया। महाराजा इस प्रस्ताव से नाखुश था। इसके परिणामस्वरूप दीवान वेला टम्पी ने विद्रोह कर दिया।

इस प्रकार सारे देश में प्रारंभ से ही अंग्रेजों का विरोध हो रहा था। सन् 1860 के पश्चात राय बरेली के सैयद अहमद ने वहाबी आंदोलन के माध्यम से अंग्रेजी शासन का विरोध करना शुरू किया। आप वहाबी आंदोलन के प्रवर्तक थे।

हिंदुस्तान में अपनी जड़ें जमते हुए देखकर कंपनी ने अपनी सैन्य क्षमता को बढ़ाने का फैसला किया। ऐसा किया भी लेकिन बढ़ती सैन्य क्षमता के कारण अनेक प्रकार की समस्याओं ने कंपनी को घेर लिया। हिंदुस्तानी सैनिकों के कम वेतन और कम सुविधाओं ने परिस्थितियों को खराब कर दिया। सन् 1764 से 1850 के मध्य अनेक सैनिक विद्रोह हुए।

उपनिवेशवाद और आर्थिक शोषण

ईस्ट इंडिया कंपनी ने सारे देश पर अपना प्रभुत्व स्थापित कर लिया था। भारत में ब्रिटिश सरकार का उपनिवेश बन गया था। भारत में उपनिवेशवाद मुख्यतः तीन चरण देखने को मिलते हैं। यह विभिन्न चरण भारत के आर्थिक अधिशेष को हड़पने के विभिन्न उपायों पर आधारित थे। भारत में ब्रिटिश उपनिवेशवाद और आर्थिक शोषण के तीन चरण निम्न हैं –

1.वाणिज्यिक नीति : 1757 से 1813

2.औद्योगिक मुक्त व्यापार : 1813 से 1860

3. मुक्त व्यापार की नीति : 1860 के बाद की अवस्था

आरंभिक चरण अर्थात 17वीं 18वीं शताब्दी में ब्रिटिश उपनिवेशवाद का मुख्य उद्देश्य भारत के साथ व्यापार करने के बहाने उसे लूटना था। आगे चलकर 19वीं शताब्दी में भारत का प्रयोग ब्रिटेन में बनी हुई औद्योगिक वस्तुओं के लिए मुख्य बाजार के रूप में किया गया। 1860 के बाद भारत स्थित ब्रिटिश उद्योगपतियों द्वारा देश में पूंजी-विनियोग की प्रक्रिया आरंभ की गई।

इसके बाद सन् 1813 के चार्टर एक्ट के तहत विद्वान भारतीयों को बढ़ावा देने तथा देश में आधुनिक विज्ञानों के ज्ञान को प्रोत्साहित करने का सिद्धांत शामिल किया गया। इस एक्ट के तहत ईस्ट इंडिया कंपनी को इस उद्देश्य के लिये एक लाख रुपए खर्च करने का निर्देश दिया गया। मगर सन् 1823 तक कंपनी के अधिकारियों ने इस काम के लिये यह तुच्छ रकम भी नहीं दी। सन् 1813 तक अंग्रेज़ों ने देश के धार्मिक, सामाजिक और सांस्कृतिक जीवन में गैर-अहस्तक्षेप की नीति अपनाई।

भारत पर लादी गई मुक्त व्यापार की नीति एक तरफा थी। मुक्त व्यापार की नीति का मुख्य उद्देश्य भारत को ब्रिटेन के कारखानों के माल का उपभोक्ता तथा कच्चे माल का निर्यातक बनाना था। अंग्रेजों ने भारत में एक कुशल और आधुनिक डाक-प्रणाली कायम की तथा तार की व्यवस्था की शुरुआत की। सन् 1853 में कलकत्ता और आगरा के बीच पहली तार लाइन का आरंभ किया गया। सन्1849 में भारत का गवर्नर-जनरल बनने वाला

लॉर्ड डलहौजी भारत में तेजी से रेल-लाइन बिछाने का पक्का समर्थक था। तत्कालीन बंबई और ठाणे के बीच पहली रेल लाइन यातायात के लिये सन् 1853 में शुरू की गई।

आर्थिक प्रभाव

ईस्ट इंडिया कंपनी के शासन के आरंभिक दशकों में बंगाल तथा मद्रास के पुराने ज़मींदार तबाह हो गए। राजस्व वसूली के अधिकार की नीलाम करने की परंपरा वारेन हेस्टिंग्स ने शुरू की। भू-राजस्व का भारी बोझ और वसूली संबंधी सख्त कानून के कारण ज़मींदारों की संपत्तियां बड़ी कठोरता से नीलाम कर दी गई। जमींदारी प्रथा के प्रसार की एक उल्लेखनीय विशेषता थी बिचौलियों का उदय। ईस्ट इंडिया कंपनी ने कृषि के सुधार और आधुनिकीकरण की कोई भी जिम्मेदारी अपने ऊपर लेने से इनकार कर दिया। ब्रिटिश शासन काल में कृषि शिक्षा पूर्णता उपेक्षित थी। सन्1939 में पूरे भारत में केवल छः कृषि कॉलेज थे। बंगाल, बिहार, उड़ीसा और सिंध में एक भी कृषि कॉलेज नहीं था।

बौद्धिक संपदा

18वीं सदी में यूरोप में चिंतन की नई लहरों का पुराने दृष्टिकोण से टकराव हुआ। पुराने दृष्टिकोण को रूढ़िवादी या परंपरागत दृष्टिकोण कहा जाता था। यह दृष्टिकोण भारत में यथा संभव कम-से कम परिवर्तन करने का पक्षपाती था। इस दृष्टिकोण के प्रतिनिधि वारेन हेस्टिंग्स और प्रसिद्ध लेखक तथा सांसद एडमंड वर्क थे। वह भारतीय दर्शन और संस्कृति की इज्जत करते थे।

भारतीय सभ्यता को गतिहीन कहकर उसकी निंदा की गई और उसे घृणा की दृष्टि से देखा जाने लगा। भारतीय साम्राज्य को उनके प्राकृतिक भौगोलिक सीमा तक फैलाने की अंग्रेजों की धुन के साथ पहले उनका उत्तर में स्थित नेपाल से टकराव हुआ। संक्षेप में कहें तो तत्कालीन समय में ईस्ट इंडिया कंपनी ने भारत की मौजूदा आर्थिक स्थिति को बहुत कमजोर कर दिया। शोषण, अत्याचार और कड़े कानूनों ने आम भारतीय नागरिकों को यह सोचने पर विवश कर दिया कि ईस्ट इंडिया कंपनी को देश से खदेड़ दिया जाए।

संपूर्ण देश में ईस्ट इंडिया कंपनी का दबदबा कायम हो गया था। लार्ड एमहर्स्ट के शासनकाल में कछार, जयंतिया और त्रिपुरा ब्रिटिश संरक्षण में आ गये। मणिपुर स्वतंत्र मित्र राज्य बन गया। भरतपुर की शक्ति नष्ट कर दी गयी। लॉर्ड विलियम बेंटिंक ने कुर्ग दुर्ग, मैसूर तथा जयंतिया को कु-शासन के बहाने तथा कछार को उत्तराधिकारी न होने के कारण हड़प लिया। लॉर्ड ऑकलैंड ने मांडवी, कोलावा, जालौन तथा कुर्नूल रियासतों पर अधिकार कर लिया। लॉर्ड एलनबरो ने सिंध जीत लिया तथा ग्वालियर की सैनिक शक्ति

नष्ट कर दी। लार्ड हार्डिंग्ज ने पंजाब की शक्ति संकुचित कर दी तथा जम्मू और कश्मीर के राज्य का निर्माण किया। लॉर्ड डलहौजी के समय रियासतों पर विशेष प्रकोप आया। उसने नागपुर, सतारा, झांसी, सम्भलपुर, उदयपुर, जैतपुर, वघात तथा करौली के शासकों को पुत्र गोद लेने के अधिकार से वंचित करके उनके राज्यों को हड़प लिया। हैदराबाद से बरार ले लिया था। कुशासन का आरोप लगाकर, अवध को अंग्रेजी राज्य में मिला लिया। इन आपत्तिजनक नीतियों के कारण रियासतों में असन्तोष फैल गया जो 1857 की सशस्त्र क्रान्ति का कारण बना। क्रान्ति के समय स्वार्थ से प्रेरित होकर अधिकांश देशी शासक कम्पनी के प्रति स्वामिभक्त बने रहे।

1857 की सशस्त्र क्रान्ति

मंगल पांडे की पहल का प्रभाव उत्तरी भारत में बहुत तेजी से हुआ। चर्बी लगे कारतूस मुंह से खोलने के कारण मंगल पांडे ने बैरकपुर छावनी में ईस्ट इंडिया कंपनी के एक अधिकारी को गोली मार दी। यह खबर जंगल में आग की तरह फैल गई। इस घटना का सीधा प्रभाव मेरठ छावनी पर पड़ा और वहां भारतीय सैनिकों ने विद्रोह कर दिया। 9 मई को मेरठ में उठी विद्रोह की चिंगारी अगले दिन मुगल बादशाह बहादुर शाह जफर के दिल्ली दरबार में पहुंच गया। कुछ समय के लिए दिल्ली ईस्ट इंडिया कंपनी के हाथ से निकल गई। दिल्ली के चारों ओर के गांव कस्बे में ईस्ट इंडिया कंपनी ने छापे मार कर विद्रोह को दबाने का प्रयास किया और जल्दी ही दिल्ली को अपने अधिकार में कर लिया। इसके बाद भारत से ईस्ट इंडिया कंपनी का स्वामित्व समाप्त कर ब्रिटिश साम्राज्ञी के अधीन भारत का शासन आ गया।

❐

अध्याय-2

समकालीन

ईस्ट इंडिया कंपनी से हिंदुस्तान का शासन ब्रिटिश साम्राज्ञी ने अपने हाथ में ले लिया और अपने नुमाइंदों के द्वारा शासन करना शुरू किया। तत्कालीन समय में केवल सत्ता का हस्तांतरण ही हुआ। देश का भाग्य नहीं बदला बल्कि देशवासियों के हालात बद से बदतर होने शुरू हो गये थे।

इंग्लैंड में औद्योगिक क्रांति के बाद उसे अपने उत्पादों के लिए विश्व भर में बाजार चाहिए थे। हिंदुस्तान इसी शृंखला में इंग्लैंड का उपनिवेश बना था। व्यापार करने हिंदुस्तान में आई ईस्ट इंडिया कंपनी यहां की भाग्य निर्माता बन गई। कंपनी की धनलोलुपता, भ्रष्टाचार, एवं शासन नीतियों के कारण देश में कंपनी के विरुद्ध नफरत की भावना पैदा हो गई। इसके परिणामस्वरूप सन् 1857 में जो विद्रोह हुआ उसने उग्र रूप धारण कर लिया। कंपनी ऐसे हालातों से निपटने के लिए तैयार नहीं थी। एक समय ऐसा भी आया जब कंपनी अलग-थलग पड़ गई थी।

इतिहासकार डॉ. मजूमदार के शब्दों में- "1857 से पहले के विस्फोट, सैनिक अथवा अ-सैनिक वास्तव में एक ही शृंखला की कड़ियां थीं और पृथक-पृथक उफान मिलकर सन् 1857 का विस्फोट और दावानल बन गया।"

गदर के अनेक कारण थे। राजनीतिक, सामाजिक, धार्मिक आर्थिक और सैन्य कारणों ने एक साथ मिलाकर ऐसा वातावरण बना दिया कि विद्रोह की पृष्ठभूमि तैयार हो गई। विद्रोह हुआ। सफलता की मंजिल तक पहुंचने से पहले ही वह ध्वस्त हो गया। गदर के विफल होने के भी अनेक कारण थे। असंगठित विद्रोह, नेतृत्वहीन, हथियार विहीन और पर्याप्त धन की कमी ने विरोधियों के हौसले पस्त कर दिए। इसके परिणामस्वरूप कंपनी के हाथों से हिंदुस्तान की सत्ता ब्रिटिश साम्राज्ञी के हाथों में चली गई।

❐

अध्याय-3

बंकिमचंद्र चट्टोपाध्याय

बंकिमचंद्र चट्टोपाध्याय का जन्म उत्तरी चौबीस परगना के कंठाल पाड़ा, नेहाटी में एक परंपरागत और समृद्ध बंगाली ब्राह्मण परिवार में 27 जून, 1836 में याद चंद्र चट्टोपाध्याय एवं दुर्गा देवी चट्टोपाध्याय के घर में तीसरे पुत्र का जन्म हुआ। आपके दो बड़े भाई थे- श्यामाचरण चट्टोपाध्याय और संजीव चट्टोपाध्याय और छोटे भाई का नाम था- पूर्ण चंद्र चट्टोपाध्याय।

बंकिमचंद्र चट्टोपाध्याय ने सन् 1854 में जूनियर छात्रवृत्ति परीक्षा में सात विषयों में से छः विषयों में विशेष योग्यता हासिल की। इसके बाद सन् 1856 में सीनियर छात्रवृत्ति परीक्षा उत्तीर्ण करके अपनी योग्यता का परिचय दिया।

शिक्षा

तत्कालीन कलकत्ता के हुगली कॉलेज और प्रेसीडेंसी कॉलेज से सन् 1858 में उन्होंने बी.ए. पास किया। प्रेसीडेंसी कॉलेज से बी. ए. की उपाधि लेने वाले आप पहले भारतीय थे। स्नातक शिक्षा समाप्ति के तुरंत बाद डिप्टी मजिस्ट्रेट पद पर उनकी नियुक्ति हो गई। नौकरी में रहते हुए उन्होंने सन् 1869 में कानून की डिग्री हासिल की। वह अल्प काल तक बंगाल सरकार के सचिव पद पर भी रहे। राय बहादुर और सी. आई. ई. की उपाधियाँ पाईं।

विवाह

सन् 1849 में आपका विवाह मृणालिनी देवी से हुआ। दस वर्ष के बाद सन् 1859 में आपकी पत्नी का देहांत हो गया। एक वर्ष बाद सन् 1860 में आपने राजलक्ष्मी को अपना जीवन साथी बनाया। पहली पत्नी से एक बेटा हुआ था, जिसकी मृत्यु हो गई। दूसरी पत्नी राजलक्ष्मी देवी से उनकी तीन बेटियाँ थीं, लेकिन कोई बेटा नहीं था। उनकी बेटियों के नाम स्पष्ट रूप से नहीं मिलते। उनके नामों का भी विशेष रूप से कोई उल्लेख नहीं मिलता। उनके जीवन के अंत में उनकी पत्नी राजलक्ष्मी देवी के साथ उनकी बेटियों का उल्लेख मिलता है। तीनों बेटियों के नाम थे- सरत कुमारी, निल्बजा कुमारी और उत्पल कुमारी।

विरोध

सारी दुनिया में अपनी धाक जमाने के मकसद से सन 1870-80 के दशक में ब्रिटिश शासकों ने सरकारी समारोहों में 'गॉड! सेव द क्वीन' गीत गाया जाना अनिवार्य कर दिया था। यह आदेश उन सभी लोगों पर लागू था जो अंग्रेजी शासन के मुलाजिम थे। फिर चाहे वह इंग्लैंड वासी हो या हिंदुस्तानी। इसके साथ-साथ उन सभी लोगों को भी यह गीत गाना भी अनिवार्य था जो समारोहों में सम्मिलित होते थे।

बंकिमचंद्र चटर्जी उन दिनों डिप्टी कलेक्टर थे। अंग्रेजों के इस आदेश से उन्हें बहुत ठेस पहुँची। सरकारी अधिकारी होने के कारण उन्हें आदेश का पालन करने के अलावा और कोई दूसरा रास्ता नहीं था। मगर उनका दिल तो अपनी धरती मां के प्रति प्रेम से सराबोर था। स्वाभिमान और देश प्रेम उनमें कूट-कूट कर भरा हुआ था। उनके मन में कहीं-न-कहीं कुछ तो ऐसा था जो बार-बार बारंबार हिलोरे मार रहा था। शोषण की देवी की वंदना करने के बजाय अपनी धरती मां, अपने देश, उस पर मौजूद नाना प्रकार की वनस्पतियों, कुदरत के नजारों की वंदना करना उन्हें अधिक उचित लगा। मन की बेचैनी बढ़ती जा रही थी। अंग्रेजों की नौकरी से मन ऊबने लगा था। अंततः उन्होंने सन् 1888 में कंपनी की नौकरी छोड़कर मातृभूमि की सेवा में अपना जीवन समर्पित कर दिया। बंकिमचंद्र चट्टोपाध्याय का संस्कृत और बांग्ला दोनों भाषा पर समान अधिकार था। भारतीय संस्कृति के पुजारी ने अपनी संस्कृति को नये आयाम दिए।

आर्थिक विषमताएं

ईस्ट इंडिया कंपनी की तीस वर्षों की सेवा करने के उपरांत आपको अंग्रेजों की नीति-अनीति का पूरा ज्ञान था। देश की दुर्दशा का उन्हें भान था। गांव और शहर की जनता कैसे अपना जीवन यापन कर रही है, यह किसी से छिपा नहीं था। प्राकृतिक आपदाओं की मार

झेल रहे किसानों की हालत गंभीर होती जा रही थी। अनाज की पैदावार दिन प्रतिदिन कम होती जा रही थी। दूसरी ओर कंपनी लगान हर साल बढ़ती जा रही थी। कंपनी के अधिकारी केवल अपनी मौज-मस्ती के लिए लगातार ज्यादा-से-ज्यादा धन की मांग करने लगे थे। इसका परिणाम यह हुआ कि किसानों के घरों में चूल्हे टूटने लगे। भूखे किसान खेतों में काम करने लायक बचे ही नहीं। कुपोषण और बीमारियों का घर बन गया था सारा हिन्दुस्तान।

किसान ही नहीं बल्कि हथकरघा उद्योग भी दम तोड़ चुका था। इंग्लैंड में बने सामान की ओर लोगों का रुझान बढ़ने के कारण देशी माल की खपत नगण्य हो गई थी। मशीनों से बना माल सस्ता होने के कारण हाथ से बने सामान को महंगे दामों में खरीदना कोई भी नहीं चाहता था। आर्थिक मंदी की मार झेल रही जनता के सामने करो या मरो की स्थिति थी अर्थात या तो कंपनी की जी हुजूरी करो, गुलामी करो, अत्याचार सहे या फिर मौत को गले लगा लो।

यह सब बंकिमचंद्र चटर्जी ने देखा, सुना और समझा। बंकिमचंद्र के सामने तीस सावन बद-से-बदतर हो गए थे। ईस्ट इंडिया कंपनी के बाद ब्रिटिश साम्राज्ञी के शासन काल में भी हालात नहीं सुधरे बल्कि और खराब हो गये। अब जब बंकिमचंद्र शासकीय सेवा में नहीं थे तब उनके पास अंग्रेजों के खिलाफ आवाज बुलंद करने का पूरा समय था। देशवासियों के हालात को सबके सामने उजागर करने का संकल्प लिया।

लेखन

ऐसा नहीं है कि उनके अंदर छिपा लेखक और कवि नौकरी छोड़ने के बाद जागा। आपने नौकरी के दौरान ही साहित्य लेखन शुरू कर दिया था। उन्होंने पहली पुस्तक अंग्रेजी भाषा में लिखी थी। उसका नाम था- "राजमोहन्स वाइफ"। बांग्ला भाषा में लिखित आपकी पहली पुस्तक "दुर्गेशनंदिनी" मार्च 1865 में प्रकाशित हुई। दुर्गेशनंदिनी एक रूमानी कृति है।

"कपालकुंडला" नामक कृति सबसे ज्यादा रूमानी मानी जाती है। बंकिमचंद्र चटर्जी की इस पुस्तक का प्रकाशन सन् 1866 में हुआ। ईस्ट इंडिया कंपनी में नौकरी करते हुए आप नियमित रूप से लेखन कार्य में संलग्न रहे।

सन् 1872 में बंकिमचंद्र चटर्जी ने एक मासिक पत्रिका "बंग दर्शन" का प्रकाशन प्रारंभ किया। इस समय आप "विषवृक्ष" नामक उपन्यास पर काम कर रहे थे। इस उपन्यास को आपने सन् 1873 में बंग दर्शन में क्रमशः छापा।

"कृष्ण कांतेर विल" नामक कृति में बंकिमचंद्र जी ने अंग्रेजों पर तीखा व्यंग्य करते हुए उनकी शासन व्यवस्था की पोल खोली। 7 नवंबर, 1875 में बंकिमचंद्र जी ने संस्कृत और बांग्ला के मिश्रण से एक नये गीत की रचना की और उसका शीर्षक दिया- 'वन्दे मातरम्'।

प्रारंभ में उन्होंने इसके केवल दो ही पद रचे गये थे जो संस्कृत में थे। इन दोनों पदों में केवल मातृभूमि की वंदना थी। गीत विशुद्ध संस्कृत में इस प्रकार है-

"वन्दे मातरम्!

सुजलां सुफलां मलयज शीतलाम्, शस्यश्यामलाम् मातरम्।
शुभ्र ज्योत्सना पुलकित यामिनीम्, फुल्ल कुसुमित द्रुमदल शोभिनीम्;
सुहासिनीं सुमधुर भाषिणीम्, सुखदां वरदां मातरम्।"

इस गीत की रचना करने के बाद बंकिमचंद्र चटर्जी का मन मातृभूमि की रक्षा और सेवा में रम ने लगा था। वंदे मातरम की रचना को राष्ट्रवादी चिंतन में मील का पत्थर माना जाता है, जो मातृभूमि के प्रति भक्ति और आध्यात्मिक आदर्शवाद के मेल का प्रतीक है। बंकिमचंद्र चट्टोपाध्याय ने अपनी लेखनी के ज़रिए, न केवल बंगाली साहित्य को समृद्ध किया, बल्कि भारत के शुरुआती राष्ट्रवादी आंदोलन के लिए बुनियादी वैचारिक सिद्धांत भी रखे। वंदे मातरम में उन्होंने देश को मातृभूमि को माँ के रूप में देखने का नजरिया दिया। सन् 1882 में मातृ भावनाओं का सैलाब "आनंदमठ" उपन्यास के रूप में सामने आया।

उपन्यास आनंदमठ सन् 1773 में हुए संयासी विद्रोह की घटनाओं पर आधारित एक राजनीतिक पृष्ठभूमि की रचना है। आनंदमठ सन् 1882 में प्रकाशित हुआ था। यह उपन्यास पूरी तरह से देशभक्ति की भावना से ओत-प्रोत है।

बंकिमचंद्र चटर्जी का अंतिम उपन्यास सन् 1886 में प्रकाशित हुआ था। जिसका नाम है- "सीताराम"। इस उपन्यास में मुस्लिम सत्ता के प्रति एक हिंदू शासक का विरोध प्रदर्शित किया गया है।

बंकिमचंद्र चटर्जी ने केवल उपन्यास ही नहीं लिखे बल्कि उनकी कविताएं "ललिता ओ मानस" के शीर्षक में संकलित हैं। इसके अतिरिक्त आपके द्वारा लिखित धार्मिक, सामाजिक और समसामयिक विषयों पर भी अनेक निबंध भी मिलते हैं। बंकिमचंद्र चटर्जी की पहचान भारतीय इतिहास में एक उपन्यासकार, लेखक, पत्रकार और बांग्ला कवि के रूप में हैं। आपकी अन्य प्रमुख कृतियां हैं- कपालकुंडला (1866) और देवी चौधरानी (1884) आदि। आपने कुल 14 उपन्यास और अन्य विषयों पर 18 पुस्तकें लिखी।

वंदे मातरम के रचयिता बंकिमचंद्र चटर्जी 19वीं सदी के बंगाल की सबसे जानी-मानी

हस्तियों में से एक थे। 19वीं सदी के दौरान बंगाल के बौद्धिक और साहित्यिक इतिहास में उनकी बहुत महत्वपूर्ण भूमिका है। एक जाने-माने उपन्यासकार, कवि और निबंधकार के तौर पर उनके योगदान ने आधुनिक बंगाली गद्य के विकास और उभरते भारतीय राष्ट्रवाद की अभिव्यक्ति पर महत्वपूर्ण प्रभाव डाला।

निधन

अमर गीत वंदे मातरम के रचनाकार बंकिमचंद्र चट्टोपाध्याय 8 अप्रैल, 1894 को चिरनिंद्रा में विलीन हो गए। अपनी जननी और मातृभूमि से प्रेम करने वालों के दिलों में बंकिमचंद्र चट्टोपाध्याय पीढ़ी-दर-पीढ़ी जीवित रहेंगे।

❐

अध्याय-4

ऐतिहासिक पृष्ठभूमि

वंदे मातरम के महत्व को समझने के लिए इसके ऐतिहासिक मूल को जानना बहुत ज़रूरी है। यह एक ऐसा मार्ग है, जो साहित्य, राष्ट्रवाद और भारत के स्वाधीनता संग्राम को जोड़ता है। इस स्तुति गान का एक कविता से राष्ट्रीय गीत बनने तक का सफर औपनिवेशिक शासन के खिलाफ भारत की सामूहिक जागृति का उदाहरण है।

यह गीत पहली बार सन् 1875 में प्रकाशित हुआ था। इस तथ्य की पुष्टि श्री अरविंद द्वारा 16 अप्रैल, 1907 को अंग्रेजी दैनिक 'वंदे मातरम' में लिखे एक लेख से होती है। इस लेख में उल्लेख है कि बंकिम ने अपने मशहूर गीत की रचना बत्तीस साल पहले की थी। उन्होंने कहा- "उस समय बहुत कम लोगों ने इसे सुना था, लेकिन लंबे समय के भ्रम से जागृत होने के बाद में बंगाल के लोगों ने सच्चाई की तलाश की और उसी नियत क्षण में किसी ने "वंदे मातरम" गाया।"

उपन्यास आनंदमठ प्रकाशित होने से पहले यह बंगाली मासिक पत्रिका 'बंग दर्शन' में धारावाहिक के रूप में छपा था, जिसके संस्थापक संपादक स्वयं बंकिम थे। "वंदे मातरम" गीत मार्च-अप्रैल 1881 के अंक में उपन्यास के धारावाहिक प्रकाशन की पहली किस्त में छपा था।

सन् 1907 में मैडम भीकाजी कामा ने पहली बार भारत के बाहर स्टटगार्ट, बर्लिन में तिरंगा झंडा फहराया था। उस झंडे पर वंदे मातरम लिखा हुआ था।

आनंदमठ का कथानक

उपन्यास 'आनंदमठ ' का मूल कथानक संन्यासियों के एक समूह के इर्द-गिर्द घूमता है। जिन्हें संतान कहा जाता है। जिसका आशय बच्चे होता है। जो अपनी मातृभूमि के लिए अपनी जिंदगी समर्पित कर देते हैं। वह मातृभूमि को देवी माँ के रूप में पूजते हैं। उनकी भक्ति सिर्फ अपनी जन्मभूमि के लिए है। "वंदे मातरम" आनंदमठ के संतों द्वारा गाया गया गीत है। यह "राष्ट्रभक्ति के धर्म" का प्रतीक था। जो आनंदमठ का मुख्य विषय था।

अपने मंदिर में उन्होंने मातृभूमि को दर्शाने वाली माँ की तीन मूर्तियां रखी थीं। माँ जो अपने भव्य महिमा में महान और गौरवशाली। माँ जो अभी दुखी और धूल में पड़ी है और माँ जो भविष्य में अपनी पुरानी महिमा में पुनः प्रतिष्ठित होगी। अरविंद घोष के शब्दों में- "उनकी कल्पना की माँ के 14 करोड़ हाथों में भिक्षा पात्र नहीं, बल्कि तेज धार वाली तलवार थी।"

वंदे मातरम गीत को सुर और ताल देने का श्रेय महान कवि रवींद्रनाथ टैगोर को जाता है, उन्होंने इसे सबसे पहले 1896 में भारतीय राष्ट्रीय कांग्रेस के कलकत्ता अधिवेशन में गाया था। बाद में अरविंद घोष ने इसका अंग्रेजी अनुवाद किया और आरिफ मोहम्मद खान ने इसका उर्दू अनुवाद किया।

आजादी के बाद 24 जनवरी, 1950 को राष्ट्रगान 'जन गण मन' के साथ ही 'वंदे मातरम' को भी भारत के राष्ट्रीय गीत का सम्मानजनक दर्जा दिया गया। भारत सरकार के आधिकारिक जानकारी के अनुसार, राष्ट्रीय गीत का आदर और स्थान राष्ट्रगान के बिल्कुल समान ही माना जाता है।

❐

अध्याय-5

आनंदमठ

यह उपन्यास अंग्रेजों की ईस्ट इंडिया कंपनी के शासन, जमींदारों के शोषण व प्राकृतिक प्रकोप यानी अकाल में मर रही जनता को जागृत करने हेतु अचानक उठ खड़े हुए संयासी विद्रोह पर आधारित है। आनंदमठ बांग्ला भाषा में लिखा गया उपन्यास है। इस उपन्यास में उत्तर बंगाल में सन् 1773 के संयासी विद्रोह का वर्णन किया गया है। आनंदमठ के कथानक में बंगाल के दुर्भिक्ष का वर्णन है। जब लोग दाने-दाने के लिए तरस रहे थे। सब गांव छोड़कर यहाँ-वहाँ भाग रहे थे।

इस तथ्यात्मक इतिहास का उल्लेख बंकिम बाबू ने 'आनन्द मठ' के तीसरे संस्करण में स्वयं ही कर दिया था। उपन्यास में इस गीत के आगे जो पद लिखे गए थे वह उपन्यास की मूल भाषा अर्थात बांग्ला में थे। उपन्यास की कथावस्तु के अनुसार बाद वाले इन सभी पदों में मातृभूमि की दुर्गा के रूप में स्तुति की गई है।

आनंदमठ में संकलित "वंदे मातरम" गीत रविवार, कार्तिक सुदी नवमी, शके 1797 अर्थात 7 नवम्बर, 1875 को पूरा हुआ। ऐतिहासिक साक्ष्य के अनुसार यह गीत उन्होंने सियालदह से नेहाटी आते वक्त ट्रेन में ही लिखा था। उस समय सुहाना मौसम था। चारों ओर हरियाली थी। प्रकृति ने मानो पृथ्वी पर अपने अनमोल खजाने की सारी दौलत लुटा दी है। ऐसे में कवि मन अपने देश, अपनी धरती मां के लिए गुनगुने लगा। बंकिमचंद्र चटर्जी

मातृभूमि के लिए पहले ही दो अनुच्छेद वाला गीत लिख चुके थे। उधर ब्रिटिश साम्राज्य की दमनकारी नीतियों के विरोध में "संयासी विद्रोह" की पृष्ठभूमि पर आधारित एक देशभक्ति पूर्ण उपन्यास ने आकार लेना शुरू कर दिया था। उपन्यास में नायक की भूमिका और देशभक्ति की भावना से प्रेरित उसके जज्बातों को और दमदार तरीके से प्रस्तुत करने के उद्देश्य से बंकिमचंद्र चटर्जी ने पहले संस्कृत भाषा में लिखी कविता "वंदे मातरम" को "आनंदमठ" के नायक से बांग्ला भाषा में जो उद्गार व्यक्त किए हैं वह तत्काल समाज, राजनीतिक, धार्मिक और आर्थिक हालात का सर्वश्रेष्ठ दर्पण है। उन्होंने सन् 1882 में जब आनन्द मठ नामक उपन्यास लिखा तब मातृभूमि के प्रेम से ओतप्रोत इस गीत को भी उसमें शामिल कर लिया।

कथानक

कथा एक गाँव की है। महेंद्र और कल्याणी अपने अबोध शिशु को लेकर गांव से दूर जाना चाहते हैं। अकाल और यहां लूटपाट-डकैती आदि की घटनाओं के कारण उनके मन में खौफ है। इस वजह से वह गांव छोड़कर चले जाने का फैसला करते हैं। एक शाम दोनों अपनी बेटी को लेकर चुपचाप गांव से निकल जाते हैं। रास्ते में डकैत कल्याणी को पकड़ लेते हैं परंतु वह जान बचाती दूर जंगल में भटक जाती है।

महेन्द्र को सिपाही पकड़ लेते हैं। जहाँ हाथापाई होती है। तभी वहां भवानन्द नामक संयासी आकर महेंद्र की रक्षा करता है। भवानन्द आत्मरक्षा में अंग्रेज को मार देता है। वहाँ दूसरा संयासी जीवानन्द भी पहुंचता है। भवानन्द और जीवानन्द दोनों संयासी, प्रधान सत्यानन्द के शिष्य हैं, जो 'आनन्दमठ' में रहकर देश सेवा के लिए कर्म करते हैं। भवानंद महेंद्र को दिलासा देता है कि उसे घबराने की कोई बात नहीं है। वह सुरक्षित है।

महेन्द्र भवानन्द का परिचय जानना चाहता है क्योंकि यदि भवानन्द न मिलता तो उसकी जान जा सकती थी। भवानन्द ने जवाब दिया- "मेरा परिचय जानकर क्या करोगे?"

महेन्द्र ने कहा- "मैं जानना चाहता हूं, आज आपने मेरा बहुत उपकार किया है।"

भवानंद कहता है- "मैं संन्यासी हूं।"

महेन्द्र समझ नहीं पाया कि संयासी डकैतों की तरह भी हो सकता है। उसकी समझ में कुछ भी नहीं आता। वह सोचता है कि इन दोनों पर विश्वास किया जाए या नहीं? मगर जिन परिस्थितियों में महेंद्र घिरा हुआ था और दोनों संन्यासियों ने उसकी जान बचाई थी तो विश्वास करने के अलावा उसके पास दूसरा कोई रास्ता नहीं था।

भवानन्द महेंद्र की पत्नी और पुत्री से मिलाने का भी आश्वासन देता है। भवानन्द की

मुद्रा सहसा बदल गयी थी। वह अब धीर स्थिर प्रकृति का संन्यासी नहीं लग रहा था। उसके चेहरे पर मुस्कुराहट तैर रही थी। मौन भंग करने के लिए वह व्यग्र हो रहा था, परन्तु महेन्द्र गंभीर था। तब भवानन्द ने गीत गाना शुरू किया-

"वन्दे मातरम्! सुजलां सुफलां मलयज शीतलां शस्यश्यामलां मातरम्।"

आनंदमठ के अंश:

ब्रह्मचारी ने इस पर दीर्घ-निश्वास छोड़कर कहा- "माँ इस घोर व्रत में बलिदान है। हम सबको अपनी बलि देनी पड़ेगी। मैं मरूंगा, जीवानंद, भवानंद, सभी मरेंगे, लगता है माँ तुम भी मरोगी। किन्तु देखो, काम करके मरना होगा, बिना काम किये मरना क्या अच्छा है? मैंने केवल देश को माँ कहा है, इसके अलावा और किसी को माँ नहीं कहा। क्योंकि उसी सुजला, सुफला धरनी के अलावा अन्य मातृक है और तुम्हें माँ कहा है, तुम माँ होकर संतान का काम करती हो। जिससे कार्योद्धार हो, वही करना, जीवा नंद के प्राणों की रक्षा करना।"

यह कह कर सत्यानंद 'हरे मुरारे मधुकैटभारे' गाते-गाते वहां से चले गए।

दूर-दूर तक फैला हुआ जंगल जंगल में ज्यादातर पेड़ साल के थे, लेकिन इसके अलावा और भी कई तरह के पेड़ थे। शाखाओं और पत्तों से जुड़े हुए पेड़ों की अनंत श्रेणी दूर तक चली गयी थी। विच्छेद-शून्य, छिद्र-शून्य रोशनी के आने के जरा-से मार्ग से भी विहीन ऐसे घनीभूत पत्तों का अनंत समुद्र कोस-दर-कोस, कोस-दर-कोस पवन की तरंगों पर तरंग छोड़ता हुआ सर्वत्र व्याप्त था। नीचे अंधकार। दोपहर में भी रोशनी का अभाव था। भयानक वातावरण। इस जंगल के अन्दर से कभी कोई आदमी नहीं गुजरता। पत्तों की निरन्तर मरमर तथा जंगली पशु-पक्षियों के स्वर के अलावा कोई और आवाज इस जंगल के अंदर नहीं सुनाई देती।

एक तो यह विस्तृत अत्यंत निबिड़ अंधकारमय जंगल, उस पर रात का समय। रात का दूसरा पहर था। रात बहुत काली थी। जंगल के बाहर भी अंधेरा था, कुछ नजर नहीं आ रहा था। जंगल के भीतर का अंधकार पाताल जैसे अंधकार की तरह था। पशु-पक्षी बिल्कुल निस्तब्ध थे। जंगल में लाखों-करोड़ों पशु-पक्षी, कीट-पतंग रहते थे। कोई भी आवाज नहीं कर रहा था। बल्कि उस अंधकार को अनुभव किया जा सकता था, शब्दमयी पृथ्वी का वह निशब्द भाव अनुभव नहीं किया जा सकता। उस असीम जंगल में, उस सूची भेद्य अंधकारमय रात में, उस अनुभवहीन निस्तब्धता में एकाएक आवाज हुई- "मेरी मनोकामना क्या सिद्ध नहीं होगी?"

आवाज गूंज कर फिर उस जंगल की निस्तब्धता में डूब गई। कौन कहेगा कि उस

जंगल में किसी आदमी की आवाज सुनाई दी थी? कुछ देर के बाद फिर आवाज हुई, फिर उस निस्तब्धता को चीरती आदमी की आवाज सुनाई दी -

"मेरी मनोकामना क्या सिद्ध नहीं होगी?"

इस प्रकार तीन बार वह अंधकार समुद्र आलोकित हुआ।

तब जवाब मिला- "तुम्हारा प्रण क्या है?"

"मेरी जीवन-सर्वस्व।"

"जीवन तो तुच्छ है, सभी त्याग सकते हैं।"

"और क्या है? और क्या दूँ?"

जवाब मिला- "भक्ति।"

बंगला सन् 1176 का ग्रीष्म-काल था। ऐसे समय एक पदचिन्ह नामक गांव में भयावह गर्मी पड़ रही थी। गांव में काफी तादाद में घर थे, मगर कोई आदमी नजर नहीं आ रहा था। बाजार में कतार-दर-कतार दुकानें थीं, दुकानों में ढेर सारा सामान था, गांव-गांव में मिट्टी के सैकड़ों घर थे, बीच-बीच में ऊंची-ऊंची अट्टालिकाएं। मगर आज चारों तरफ खामोशी थी। बाजारों में दुकानें बंद थीं, दुकानदार कहां भाग गए थे, इसका कोई ठिकाना नहीं था।

आज हाट लगने का दिन था। मगर हाट में एक भी दुकान नहीं लगी थी। जुलाहे अपने करघे बंद करके घर के एक कोने में पड़े रो रहे थे। व्यवसायी अपना व्यवसाय भूलकर बच्चों को गोद में लिए रो रहे थे। दाताओं ने दान बंद कर दिया था, शिक्षकों ने पाठशालाएं बंद कर दी थीं। शिशु भी सहमे-सहमे से रो रहे थे। राजपथ पर कोई नजर नहीं आ रहा था। सरोवरों में कोई नहाने वाला भी नहीं था। घरों में लोगों का नामोनिशान नहीं था। पशु-पक्षी भी नजर नहीं आ रहे थे। चरने वाली गौएं भी कहीं नजर नहीं आ रही थीं। केवल शमशान में सियारों व कुत्तों की आवाजें गूंज रहीं थीं।

सामने एक वृहद अट्टालिका थी। उसके ऊंचे-ऊंचे गुंबद दूर से ही नजर आते थे। छोटे-छोटे घरों के जंगल में यह अट्टालिका शैल-शिखर की तरह शोभा पा रही थी। मगर ऐसी शोभा का क्या-अट्टालिका के दरवाजे बंद थे, घर में लोगों का जमावड़ा नहीं, कहीं कोई आवाज नहीं, अंदर हवा तक प्रवेश नहीं कर पा रही थी। अट्टालिका के अंदर कमरों में दोपहर के बावजूद अंधकार था। उस अंधकार में मुरझाए फूलों-सा एक दम्पत्ति बैठा सोच रहा था। उनके आगे अकाल का रौरव फैला हुआ था।

सन् 1174 में फसल अच्छी हुई नहीं, सन् 1175 के साल में हालात बिगड़ गए-लोगों को परेशानी हुई, इसके बावजूद शासकों ने एक-एक कौड़ी तक कर वसूल किया। इस कड़ाई का नतीजा यह हुआ कि गरीबों के घर में एक वक्त चूल्हा जला।

सन् 1175 में वर्षा-ऋतु में अच्छी बारिश हुई। लोगों ने सोचा, शायद देवता सहृदय हुए हैं। वह खुश होकर राखाल ने मैदान में गाना गाया, कृषक पत्नी फिर चांदी की पाजेब के लिए पति से इसरार करने लगी। अकस्मात अश्विन महीने देवता फिर विमुख हो गए। आश्विन और कार्तिक महीने में एक बूंद भी बारिश नहीं हुई। खेतों में धान सूख कर एकदम खड़ी हो गयी। जिनके थोड़े बहुत धान हुआ, उसे राज कर्मियों ने अपने सिपाहियों के लिए खरीद कर रख लिया लोगों को खाने को नहीं मिला। पहले एक शाम उपवास किया, फिर एक बेला आधा पेट खाने लगे, इसके बाद दो शामों का उपवास शुरू किया। चैत्र में जो थोड़ी फसल हुई, उससे किसी के मुख में पूरा ग्रास भी नहीं पहुंचा। मगर कर वसूल करने वाला कर्ताधिर्ता मोहम्मद रजा खां कुछ और सोचता था। उसका विचार था, यही मौका है कुछ कर दिखाने का। उसने एकदम से दस प्रतिशत कर सब पर ठोंक दिया। सारे बंगाल में रोने-चीखने का कोलाहल मच गया।

लोगों ने पहले भीख मांगना शुरू किया, पर भीख उन्हें कब तक मिलती। उपवास करने के अलावा कोई चारा नहीं रहा। इससे यह हुआ कि वे रोगाक्रांत होने लगे। फिर लोगों ने गौएं बेचीं, बैल-हल, बेचे धान का बीज तक खा लिया, घर द्वार बेच दिया, खेती-बाड़ी बेची। इसके बाद कुछ न बचा तो लड़कियां बेचना शुरू कर दिया, फिर लड़के, फिर पत्नियां। अब लड़कियां, लड़के और पत्तियां खरीदने वाला भी कोई न बचा। खरीदार रहे नहीं, सभी बेचने वाले थे। खाने की चीजों का अभाव ऐसा दारुण था कि लोग पेड़ के पत्ते खाने लगे, घास खाने लगे, टहनियां और डालियां खाने लगे। जंगली व छोटे लोग कुत्ते, बिल्ली और चूहे खाने लगे। कई लोग भाग गए, जो भागे, वे भी विदेश में जाकर भूखों मर गए। जो नहीं भागे, वे अ-खाद्य खाकर या अनाहार रहकर रोग में पड़कर मारे गए।

रोग को भी मौका मिल गया-जहां देखो, वही बुखार, हैजा, क्षय और चेचक! इसमें भी चेचक का प्रकोप ज्यादा ही फैल गया था। घर-घर में लोग चेचक से मर रहे थे। कौन किसे जल दे या कौन किसे छुए! न कोई किसी की दवा-दारु कर पाया, न कोई किसी की देखभाल कर पाया और मरने पर न कोई किसी का शव उठा पाता। अच्छे-अच्छे मकान भी बदबू से ओतप्रोत हो गए थे। जिस घर में एक बार चेचक प्रवेश कर जाता, उस घर के लोग रोगी को अपने हाल पर छोड़ कर भाग निकले।

महेन्द्र सिंह पदचिन्ह गांव के बहुत बड़े धनवान थे-मगर आज धनी और निर्धन में कोई अंतर नहीं रहा। ऐसी दुखद स्थिति में व्याधिग्रस्त होकर उनके समस्त आत्मीय स्वजन दास-दासी आदि बारी-बारी से चले गए थे। कोई मर गया था तो कोई भाग गया था। उस

भरे-पूरे परिवार में अब बचे रहे थे वे स्वयं, उनकी पत्नी और एक शिशु कन्या। उन्हीं की सुना रहा हूं।

उनकी पत्नी कल्याणी चिंता त्याग कर गोशाला गयी और खुद ही गाय दुहने लगी। फिर दूध गरम करके बच्ची को पिलाया, इसके बाद गाय को पानी-सानी देने गयी। वापस लौटकर आई तो महेन्द्र ने पूछा- "इस तरह कितने दिन चलेगा?"

कल्याणी बोली- "ज्यादा दिन तो नहीं। जितने दिन चल सका, जितने दिन मैं चला सकी, चलाऊंगी, इसके बाद तुम बच्ची को लेकर शहर चले जाना।"

"अगर शहर जाना ही है तो तुम्हें इतना दुख क्यों सहने दूं। चलो न, इसी समय चलते हैं।"

दोनों में इस विषय पर खूब तर्क वितर्क होने लगा।

कल्याणी ने पूछा- "शहर जाकर क्या कोई विशेष उपकार होगा?"

महेन्द्र ने जवाब दिया- "शहर भी शायद ऐसा ही जन-शून्य और प्राण-रक्षा से उपाय शून्य हो।"

"मुर्शिदाबाद, कासिम बाजार या कलकत्ता जाकर शायद, हमारे प्राण बच जाएं। इस जगह को छोड़कर जाना तो बिल्कुल उचित है।"

महेन्द्र बोला- "यह घर एक अरसे से पीढ़ी-दर-पीढ़ी संचित धन से परिपूर्ण है, हम चले गए तो यह सब चोर लूटकर ले जाएंगे।"

"अगर लूटने आ गए तो हम दो जने क्या चोरों से धन को बचा पाएंगे। प्राण ही नहीं बचे तो धन का उपयोग कौन करेगा? चलो, इसी समय सब कुछ बांध-बूंध कर यहां से निकल चलें। अगर प्राण बच गए तो वापस आकर उसका उपयोग करेंगे।"

महेन्द्र ने पूछा- "तुम क्या पैदल चल सकोगी? पालकी ढोने वाले तो सब मर गए, बैल हैं तो गाड़ीवान नहीं, गाड़ीवान हैं तो बैल नहीं।"

"मैं पैदल चल सकती हूं, तुम चिंता मत करना।"

कल्याणी ने मन-ही-मन तय कर लिया था भले ही मैं रास्ते में मारी जाऊं, फिर भी ये दोनों तो बचे रहेंगे।

अगले दिन सुबह दोनों ने कुछ रुपये पैसे गांठ में बांध लिए, घर के दरवाजे पर ताला लगा दिया, गाय-बैल खुले छोड़ दिए और बच्ची को गोद में उठाकर राजधानी की ओर सफर शुरू कर दिया। सफर के दौरान महेन्द्र बोले- "रास्ता बेहद दुर्गम है। कदम-कदम पर लुटेरे घूम रहे हैं, खाली हाथ निकलना उचित नहीं।" यह कहकर महेन्द्र घर में वापस आया और बंदूक-गोली बारूद उठा लाया।

यह देखकर कल्याणी बोली- "अगर अस्त्र की बात याद आयी है तो तुम जरा सुकुमारी को पकड़ो, मैं भी हथियार लेकर आती हूं।"

यह कहकर कल्याणी ने बच्ची महेन्द्र की गोद में डाल दी और घर में घुस गयी।

महेन्द्र ने पूछा- "तुम भला कौन-सा हथियार लेकर चलोगी?"

कल्याणी ने घर में आकर जहर की एक छोटी-सी शीशी उठाई और कपड़े में अच्छी तरह छिपा ली। इन दुख के दिनों में किस्मत में न जाने कब क्या हो-यही सोच कर कल्याणी ने पहले ही जहर का इंतजाम कर रखा था।

जेठ का महीना था। तेज धूप पड़ रही थी। धरती आग से जल रही थी। हवा में आग मचल रही थी। आकाश गरम तवे की तरह झुलस रहा था। रास्ते की धूल में आग के शोले दहक रहे थे। कल्याणी पसीने से तर-बतर हो गयी। कभी बबूल के पेड़ की छाया में बैठ जाती तो कभी खजूर के पेड़ की। प्यास लगती तो सूखे तालाब का कीचड़ सना पानी पी लेती। इस तरह बेहद तकलीफ से वह रास्ता तय कर रही थी। बच्ची महेन्द्र की गोद में थी-बीच-बीच में महेंद्र बच्ची को हवा करते जाते थे।

चलते-चलते थक गए तो दोनों हरे-हरे पत्तों से भरे संगठित फूलों से युक्त लता वेष्टित पेड़ की छाया में बैठकर विश्राम करने लगे। महेन्द्र कल्याणी की सहनशीलता देखकर आश्चर्यचकित थे। पास ही एक सरोवर से वस्त्र भिगोकर महेन्द्र ने अपना और कल्याणी का मुंह, हाथ और सिर सिंचित किया। कल्याणी को थोड़ा चैन मिला, मगर दोनों भूख से बहुत व्याकुल हो गये। यह भी दोनों सहन करने में सक्षम थे, मगर बच्ची की भूख-प्यास सहन करना मुश्किल था। सो वे फिर रास्ते पर चल पड़े। उस अग्निपथ को पार करते हुए वे दोनों शाम से पहले एक बस्ती में पहुंचे महेन्द्र को मन ही मन आशा थी कि बस्ती में पहुंचकर पत्नी व बच्ची के मुंह में शीतल जल दे सकेंगे, प्राण-रक्षा के लिए दो कौर भी नसीब होंगे। लेकिन कहां? बस्ती में तो एक भी इंसान नजर नहीं आ रहा था। बड़े-बड़े घरों में सन्नाटा छाया हुआ था, सारे लोग वहां से भाग चुके थे। महेन्द्र ने इधर-उधर देखने के बाद बच्ची को एक मकान में ले जाकर लिटा दिया। बाहर आकर वे ऊंचे स्वर में बुलाने पुकारने लगे। मगर उन्हें कहीं से कोई उत्तर नहीं मिला।

वे कल्याणी से बोले- "सुनो, तुम जरा हिम्मत बांधकर यहां अकेली बैठो यहां अगर गाय हुई तो श्रीकृष्ण की दया से मैं दूध ला रहा हूं।" यह कहकर उन्होंने मिट्टी की एक कलसी उठाई और घर से बाहर निकले। वहां कई कलसियां पड़ी थीं।

महेन्द्र चले गए। कल्याणी अकेली बच्ची के साथ उस जनशून्य में लगभग अंधकारमय घर में बैठी चारों ओर देख रही थी। मन ही मन उसे बेहद डर लग रहा था। कोई भी कहीं

नजर नहीं आ रहा था, किसी मानव का स्वर तक सुनाई नहीं पड़ रहा था, सिर्फ सियार व कुत्तों का स्वर गूंज रहा था।

सोच रही थी, उन्हें क्यों जाने दिया, अच्छा तो यही था कुछ देर तक और भूख-प्यास बर्दाश्त कर लेती। जी में आया, चारों तरफ के दरवाजे बंद करके बैठे। मगर एक भी दरवाजे पर कपाट अथवा अर्गला नहीं थी। इस प्रकार चारों ओर निहारते-निहारते सामने के दरवाजे पर उसे एक छाया-सी नजर आई। वो छाया मनुष्य आकृति-सी प्रतीत हुई, पर ठीक मनुष्य-सी भी नहीं लगी। अतिशय शुष्क शीर्ण, अतिशय कृष्णवर्ण, नग्न, विकटा कर मनुष्य जैसा न जाने कब आकर दरवाजे पर खड़ा हो गया था। कुछ क्षणों के बाद उसकी छाया ने जैसे ही अपना एक हाथ उठाया। अस्ति-चरम से आवंटित, अति दीर्घ शुष्क हाथ की दीर्घ शुष्क उंगली से उसने जैसे किसी को इशारा किया।

कल्याणी के प्राण सूख गए। तभी उसी की तरह एक और छाया-शुष्क, कृष्णवर्ण, दीर्घाकार, नग्न-पहली छाया के बगल में आकर खड़ी हुई। उसके बाद एक और छाया आयी। इसके बाद एक और छाया। फिर कई छायाएं आ गयी। धीरे-धीरे चुपचाप वे सब कमरे में एकत्र हो गयीं। वह लगभग अंधकारमय घर रात के शमशान की तरह भयावह हो उठा। तभी वे सारी प्रेतवत मूर्तियां कल्याणी व उसकी बच्ची को घेरकर हो गयी। कल्याणी लगभग मूर्च्छित-सी हो गयी।

अब कृष्णवर्ण शीर्ण छायाओं ने कल्याणी व उसकी बच्ची को पकड़ कर उठा लिया, फिर वे घर से बाहर निकलीं और मैदान को पार करते हुए जंगल में प्रवेश कर गयी। कुछ क्षणों के बाद महेन्द्र कलसी में दूध लिए वहां आ पहुंचे। देखा, कोई कहीं नहीं। उन्होंने इधर-उधर खोजबीन की, बच्ची का नाम लेकर पुकारा, आखिर में पत्नी का कई बार नाम पुकारा, मगर कोई उत्तर नहीं मिला। बच्ची व पत्नी का आसपास कोई चिह्न नहीं था।

जिस वन में डाकू कल्याणी को ले आए, वह वन बेहद मनोरम था। वहां रोशनी नहीं थी, और न ही ऐसी आँखे थीं, जो वहां की शोभा देख पाती, दरिद्र के हृदय में छिपे सौंदर्य की भांति उस वन का सौंदर्य भी अगोचर था। देश में भले ही आहार हो या न हो, वन में फूलों का अभाव नहीं था, फूलों की गंध ऐसी जबरदस्त कि रोशनी का अभाव भी न खले। बीच में साफ सुकोमल चम्पा से घिरी जमीन के टुकड़े पर डाकुओं ने कल्याणी और उसकी बच्ची को उतार दिया। वे सब उन दोनों को घेर कर बैठ गये। इसके बाद वे लोग तर्क-वितर्क करने लगे कि इन दोनों का क्या किया जाए? जो अलंकार कल्याणी ने पहन रखे थे, वे सब पहले ही इन लोगों ने हथिया लिए थे। डाकुओं का एक दल आभूषणों के बंटवारे में व्यस्त था।

जब आभूषण बंट गए तो एक डाकू बोला- "हम सोना-चांदी लेकर क्या करेंगे? कोई एक गहना लेकर मुझे एक मुट्ठी चावल दे दे। बस भूख के मारे जान निकल रही है। आज सिर्फ पेड़ के पत्ते ही खाने को मिले हैं।"

एक ने यह कहा तो सभी इसी तरह की बातें करने लगे। "चावल दो"

"चावल दो"

"भूख के मारे जान जा रही है" "सोना चांदी हमें नहीं चाहिए।"

दल का सरदार उन्हें शांत करता हुआ कुछ बोला, मगर किसी ने एक नहीं सुनी, आपस में ही मारपीट की नौबत आन पहुंची। जिन लोगों ने गहने हथिया लिए थे, वे सब गुस्से से गहने फेंक-फेंक कर दल के सरदार को मारने लगे। दल के सरदार ने दो-एक को पकड़ कर पीटा, इस पर सबने मिलकर दल के सरदार पर हमला बोलकर उसे मारा-पीटा। दल का सरदार बिना-खाए पिए शीर्ण व अधमरा हो गया था, दो-एक चोटे लगते ही वह जमीन पर आ गिरा, और प्राण-त्याग कर दिए। इसके बाद भूखे, नाराज, उत्तेजित, ज्ञानशून्य डाकुओं के दल में एक बोला, "सियार और कुत्ते का मांस खा लिया, भूख के मारे जान जा रही है, आओ भाइयो, आज इसी साले को खाते हैं।"

इस पर सबने "जय माँ काली" का नारा लगाकर घोष किया।

"बम काली! आज तो नरमांस खाएंगे।" यह कहकर कमजोर शरीर के कृषकाय प्रेत वत समस्त डाकू अंधकार में खिलखिलाकर अट्टहास कर उठे। ताली बजा-बजाकर नाचने लगे। दल के सरदार को जलाने के वास्ते एक डाकू अग्नि जलाने को प्रवृत्त हुआ। उसने सूखी लताएं, लड़कियां, घास-फूस एकत्र करके चकमक से आग प्रज्ज्वलित की, तो एकत्र ढेर जल उठा। धीरे-धीरे आग तेजी पकड़ने लगी और आसपास के आम, जामुन, खजूर, पनस और बबूल आदि के पेड़ भी धीरे-धीरे आग पकड़ने लगे। कहीं आग में पत्ते जलने लगे, कहीं घास। कहीं अंधकार और गाढ़ा होने लगा। आग जल पड़ी तो एक ने मृतक के पांव पकड़ कर उसे खींचा और आग में झोंक दिया।

एक बोला, "ठहरो, ठहरो, अगर आज महा मांस खाने का इरादा किया ही है तो इस बूढ़े का सूखा मांस क्यों खाएं? आज जो लूट कर लाए हैं, वही क्यों न खाएं। आओ, इस कोमल बच्ची को पकाकर खाएं।" इस पर सभी लोलुप होकर, जहां कल्याणी बच्ची को लेकर लेटी हुई थी, उसकी तरफ देखने लगे। सबने देखा, अरे, वह जगह तो शून्य थी, बच्ची भी नहीं थी, उसकी माँ भी नहीं थी।

डाकुओं में जब वाद-विवाद चल रहा था, उस समय सुयोग्य पाकर कल्याणी बच्ची को गोद में लेकर व उसके मुंह को हथेली से भींचकर जंगल में कहीं भाग गई थी।

शिकार को हाथ से निकलते देखकर 'मारो', 'मारो', का शोर मचाकर वे सारे डाकू चारों ओर दौड़ पड़े। ऐसी दारुण स्थिति में पड़कर इंसान भी हिंसक पशु ही हो जाता है।

वन बेहद अंधकारमय था। कल्याणी को उसमें आगे बढ़ने का मार्ग नहीं मिल रहा था। वृक्षों-लताओं और झाड़-झंखाड़ों के घटाटोप में एक तो यों ही मार्ग अवरुद्ध था, उस पर घना अंधेरा! वृक्षों-लताओं और झाड़-झंखाड़ों को भेदकर कल्याणी वन में प्रवेश करने लगी। बच्ची के शरीर में कांटे चुभ रहे थे। बीच-बीच में रो उठती थी। रोने की आवाज सुनकर डाकू और भी चीखने-चिल्लाने लगे थे। कल्याणी की देह भी कांटे चुभने से लहूलुहान हो गयी थी। इस प्रकार वह वन में काफी दूर तक निकल आयी।

थोड़ी देर बाद चन्द्रोदय हुआ। अब तक कल्याणी को कुछ भरोसा था कि अंधकार में डाकू उसे देख नहीं पाएंगे, थोड़ी देर खोज-खाज कर वापस चले आएंगे, मगर चन्द्रोदय होते ही उसका यह भरोसा जाता रहा। चांद ने आकाश में उठकर वन के ऊपर आलोक बिखेर दिया-भीतर वन का अंधकार आलोक से भीग गया। अंधकार उज्ज्वल हो गया। जहां-तहां दरारों से छनकर आलोक वन में प्रवेश कर ताक-झांक करने लगा। चांद कितना ऊपर उठने लगा, उतना ही आलोक वन में प्रवेश करने लगा और सारा अंधकार वन में छिपने लगा। कल्याणी बच्ची को लेकर वन के अधिक अंदर चली गयी छिपने के लिए।

उधर डाकुओं का चीखना-चिल्लाना बढ़ गया था। वे चारों ओर से दौड़ते हुए चले आ रहे थे। बच्ची डर के मारे जोर-जोर से रोने लगी। कल्याणी हतोत्साहित हो गयी और भागने की कोशिश छोड़ दी। वह एक विशाल पेड़ के नीचे कंटक शून्य घास पर बैठ गयी। उसने बच्ची को गोद में बिठा लिया और पुकार-पुकार कर कहने लगी, "कहां हो तुम, जिसकी रोज मैं पूजा करती हूं, जिसका रोज मैं नमन करती हूं, जिसके भरोसे मैं इस वन में प्रवेश कर सकी, हे मधुसूदन, कहां हो तुम?"

उसी समय भय, भक्ति की प्रगाढ़ता और क्षुधा कृष्णा के अवसाद से कल्याणी धीरे-धीरे चेतनाशून्य हो गयी थी, मगर आंतरिक चेतना में उसे लगा, जैसे अंतरिक्ष में स्वर्गीय स्वर में गीत गाया जा रहा हो-

"हरे मुरारे मधुकैटभारे।
गोपाल गोविंद मुकुंद शोरे।
हरे मुरारे मधुकैटभारे।"

कल्याणी ने बचपन में पुराणों में सुना था कि देवर्षि गगन-पथ पर वीणा लेकर हरिनाम का उच्चारण करते हुए भ्रमण करते रहते हैं, इस समय भी उनके मन में यह दृश्य मूर्ति मान होने लगा। मन-ही-मन वह देख रही थी। शुभ्र-शरीर, शुभ्र-केश, शुभ्र-दाढ़ी, शुभ्र-वसन, महा

शरीर महामुनि हाथ में वीणा लिए चंद्र लोक से प्रदीप्त नीले आकाश के पथ पर गा रहे हैं-

"हरे मुरारे मधुकैटभारे।"

क्रमशः गीत के बोल निकल आने लगे और अधिक स्पष्ट सुनाई देने लगे-

"हरे मुरारे मधुकैटभारे।"

अन्त में कल्याणी के सिर के ऊपर वनस्थली को गुंजाते हुए गीत के बोल फूटे-

"हरे मुरारे मधुकैटभारे।"

कल्याणी ने अपनी आंखें खोली। उस अर्द्ध-स्फुट बना अंधकार-मिश्रित चंद्र रश्मियों में उसने देखा, सामने ही शुभ्र-शरीर, शुभ्र-केश, शुभ्र-दाढ़ी शुभ्र-वसन वाली ऋषि-मूर्ति खड़ी है। अन्यमनस्क-सी खोयी-खोयी कल्याणी को लगा, इन्हें प्रणाम करना चाहिए, मगर प्रणाम नहीं कर सकी। सिर नवाते ही वह एकदम चेतनाशून्य होकर जमीन पर गिर पड़ी।

❐

अध्याय-6

प्रतिबंध

हिंदुस्तान अशिक्षित अवश्य था लेकिन अज्ञानी नहीं था। यह बात ईस्ट इंडिया कंपनी के पदाधिकारी जानते थे। हिंदुस्तानी परिश्रमी थे और हर परिस्थिति में जीवन यापन करना जानते हैं। यह बात कंपनी के मुलाजिमों को मालूम थी। सारी दुनिया में हिंदुस्तानियों की सहनशक्ति देखकर अंग्रेज बहुत हैरान थे। कम आय में सुखद और मनोरंजन पूर्ण जिंदगी आनंद पूर्वक कैसे जीते हैं यह ब्रिटिश वासियों ने यहीं आकर देखा मगर सीखा नहीं। इसका कारण यह है कि ब्रिटेन की सामाजिक, सांस्कृतिक, आर्थिक, राजनीतिक और प्रशासनिक स्थिति अत्यंत खराब थी। तत्कालीन हिंदुस्तान विभिन्न साम्राज्यों में विभक्त था। सामंतशाही व्यवस्था थी। कहीं-न-कहीं युद्ध होते रहते थे। इसके बावजूद हिंदुस्तान के नागरिक अपने कार्यों में व्यस्त और मस्त रहते थे। आर्थिक बोझ था लेकिन आर्थिक शोषण कम था।

इसके विपरीत इंग्लैंड के लोगों की मानसिकता धार्मिक उथल-पुथल, राजनीतिक अस्थिरता और सामाजिक परिवर्तन से भरी थी। वहाँ राजशाही, संसद और धर्म के बीच संघर्ष ने गृह युद्ध और गणतंत्र को जन्म दिया। समाज सुधार के नाम पर कठोर नैतिक कानून लागू हुए। नृत्य आदि मनोरंजन प्रतिबंधित कर दिए गए। एक नए व्यापारी वर्ग का उदय हुआ। इस वर्ग जीवन स्तर में सुधार के संकेत तो दिखे लेकिन शोषण अपने चरम पर बढ़ता दिखाई देने लगा। यह एक तनावपूर्ण, धार्मिक और सामाजिक रूप से विभाजित दौर था।

तत्कालीन ब्रिटेन वासियों सहित तत्कालीन दुनिया के लोगों को इस बात की भी जानकारी नहीं थी कि इंग्लैंड का प्राचीन नाम था- "एंग्लैण्ड"। इसका शाब्दिक अर्थ है- 'एंगल्स की भूमि'। एंगल्स जनजाति के लोग मूल रूप से उत्तरी जर्मनी और डेनमार्क के खानाबदोश निवासी थे। इतिहासकारों का एक वर्ग मानता है कि एंगल्स जनजाति श्लेसविग-होल्सटीन क्षेत्र के मूल निवासी है। यहाँ से एंगल्स जनजाति के लोग रोजगार की तलाश में घुमते-घुमते चौथी-पांचवी में वीरान पड़ी उस भूखण्ड पर आकर बस गए जो चारों

ओर समुद्र से घिरा हुआ था। इस खानाबदोश जनजाति द्वारा बसाई गई आवासीय बस्ती को आधुनिक इतिहासकारों ने नाम दिया -एंग्लो-सैक्सन बस्तियां। आर्यावर्त भरतखण्ड के आधार पर इतिहासकारों ने एंगल्स जनजाति द्वारा अपने अधिकार में लिए गए इस भूखंड को नाम दिया "एंग्लैण्ड" जो कालांतर में अपभ्रंश से "इंग्लैंड" हो गया। सभी विद्वानों का मत है एंगल्स जर्मन में पाई जाने वाली जनजातियों में से एक थी। प्राचीन जर्मनी में प्रमुख रूप से फ्रैंक, सैक्सन, बवेरियन, स्वाबियन, फ्रिसियन, थुरिंगियन, गौथ, वेंडल्स, बर्गंडियन, एंगल्स, जूट और चेरुसी आदि जनजातियां मौजूद थीं।

ऐसा माना जाता है कि एंगल्स नाम संभवतः एंगलन प्रायद्वीप से आया है, जो आधुनिक जर्मनी और डेनमार्क बाल्टिक सागर तट पर स्थित है। चौथी-पांचवी शताब्दी में रोमन सेनाओं के हटने के बाद एंगल्स जनजाति समूह जर्मनी से पलायन कर पूर्वी एंग्लिया और नॉर्थंब्रिया जैसे क्षेत्रों में बस गए। उनकी उपस्थिति के कारण इस भूखण्ड को एंगल-लैण्ड कहा जाने लगा जो कालांतर में इंग्लैंड कहा जाने लगा। इसी एंगल्स जनजाति समूह द्वारा बोली जाने वाली बोली "एंगल-इश" से एक नई भाषा का जन्म हुआ जिसे "इंग्लिश" कहा गया।

प्राचीन ब्रिटेन को 'एल्बियन' भी कहा जाता था। रोमन काल में इसे 'ब्रिटानिया' कहा जाने लगा। यह प्रश्न उठता है रोमन काल ब्रिटिश क्षेत्र को ब्रिटानिया क्यों कहा जाने लगा? शोध करने पर ज्ञात हुआ कि रोमन काल में ब्रिटिश क्षेत्र को ब्रिटानिया इसलिए कहा जाने लगा क्योंकि यह नाम स्थानीय सेल्टिक लोगों के लिए यूनानी और लैटिन भाषाओं में इस्तेमाल होने वाले शब्दों से बना था। जिसका अर्थ था 'चित्रित या टैटू वाले लोगों की भूमि'। रोमन सैनिकों ने सन् 43 ईसवी में यहां आक्रमण के बाद इस प्रांत को "ब्रितानियां" नाम दिया। जो इंग्लैंड और वेल्स के अधिकांश हिस्सों में फैला था। "ब्रितानियां" शब्द कालांतर में ब्रिटेन हो गया।

कालांतर में एक नया समृद्ध व्यापारी वर्ग उभरा। कृषि के अतिरिक्त एक बड़े वर्ग ने उद्योग की ओर रूख किया। रोजगार के अवसर विकसित हुए। इसका एक दुष्प्रभाव यह हुआ कि गरीब और अमीर के बीच खाई बढ़ती चली गई और समाज में असंतोष व्याप्त होने लगा। परिणामस्वरूप प्रभावित जनसमूह भड़काने वाले भाषणों में अपशब्दों का प्रयोग करने लगे।

यही कारण है कि उस दौर में इंग्लैंड की जनता मानसिक बीमारी से ग्रसित होने लगी। सत्रहवीं शताब्दी के इंग्लैंड के लोग धार्मिक विश्वासों, राजनीतिक उथल-पुथल, सामाजिक तनाव और आर्थिक परिवर्तनों से प्रभावित थे, जिससे उनकी मानसिकता आशा, भय,

कट्टरता और परिवर्तन की इच्छा का मिश्रण थी। इसी बीच इंग्लैंड में औद्योगिक क्रांति हुई और वहां के उद्योगपतियों ने दुनिया में अपने उत्पादों के लिए बाजार खोजने शुरू किए। धीरे-धीरे सूरज कभी न डूबने वाला देश बन गया इंग्लैंड।

ईस्ट इंडिया कंपनी की स्थापना सन् 1599 में लंदन में हुई थी। इस कंपनी ने भारत साथ व्यापारिक अनुबंध किया और धीरे-धीरे दक्षिण पूर्व एशिया सहित हांगकांग के औपनिवेशिक क्षेत्रों पर कब्जा कर लिया। ब्रिटिश ईस्ट इंडिया कंपनी का शासन सन् 1858 में समाप्त हो गया। कंपनी को सन् 1874 में इसे भंग कर दिया गया। ईस्ट इंडिया कंपनी नाम के अनेक संस्थाओं का जन्म डच, पुर्तगाल, फ्रांस आदि देशों में भी हुआ लेकिन भारत में इंग्लैंड की कंपनी ही शासन कर पाई। आज इस नाम की कोई कंपनी मौजूद नहीं है।

इंग्लैंड साम्राज्ञी के पदाधिकारी अपने देश की सामाजिक, सांस्कृतिक और धार्मिक भावनाओं से परिचित थे। उन्हें मालूम था कि जनभावनाओं को किस तरह से दमन किया जाता है। वंदे मातरम लोकप्रियता के शिखर पर पहुंच गया। अंग्रेजी शासन का विरोध करने वाले हिंदुस्तानियों के लिए वंदे मातरम शब्द जयघोष के रूप में उभरा और देश के हर कोने में यह शब्द एक मंत्र बन गया।

भारतीयों का आक्रोश और विरोध के प्रबल होते स्वर से ब्रिटिश सरकार हांफने लगी। उसे अपनी सत्ता खतरे में नजर आने लगी। बुरी तरह से डरी हुई इंग्लैंड सरकार ने वंदे मातरम के प्रयोग पर प्रतिबंध लगा दिया। इंग्लैंड की हुकूमत के इस कदम से वंदे मातरम का महत्व और भी बढ़ गया। मातंगिनी हाजरा जैसे स्वतंत्रता सेनानियों के आखिरी शब्द 'वंदे मातरम' ही थे। कांग्रेस ने 1937 में अपनी एक रिपोर्ट में कहा था कि इसके पहले दो पद प्रासंगिक हैं। सन् 1906 में कांग्रेस के कलकत्ता अधिवेशन में इसे राष्ट्रगीत का दर्जा मिला। 24 जनवरी, 1950 को संविधान सभा ने इसे 'जन गण मन' के बराबर दर्जा दिया।

अप्रैल 1906 में नवगठित पूर्वी बंगाल प्रांत के बारीसाल में बंगाल प्रांतीय सम्मेलन के दौरान, ब्रिटिश अधिकारियों ने वंदे मातरम के सार्वजनिक उदघोष पर प्रतिबंध लगा दिया और अंततः सम्मेलन पर ही प्रतिबंध लगा दिया। आदेश की अवहेलना करते हुए, प्रतिनिधियों ने नारा लगाना जारी रखा और उन्हें कठोर पुलिस दमन का सामना करना पड़ा।

❐

अध्याय-7

कांग्रेस और वंदे मातरम

ब्रिटिश शासन के खिलाफ होने वाले प्रत्येक आंदोलन की अगुवाई कांग्रेस कर रही थी। कांग्रेस की विचारधारा के अतिरिक्त अन्य विचारधाराएं भी ब्रिटिश साम्राज्य के कफन की तैयारी में संलग्न थी। तत्कालीन देश-काल की स्थिति का अवलोकन करने से ज्ञात होता है कि उस समय विचारधाराओं में भिन्नता तो थी मगर अनेक मुद्दों पर कोई भी मतभेद और मनभेद नहीं था। उनमें से एक गीत था- 'वंदे मातरम'। पहले बंगाल में प्रचलित हुआ यह गीत कांग्रेस के कलकत्ता अधिवेशन के पश्चात सारे देश में लोकप्रिय हो गया।

गीत वंदे मातरम शीघ्र ही लोकप्रिय हो गया। सन् 1896 में भारतीय राष्ट्रीय कांग्रेस के कलकत्ता अधिवेशन में गुरुदेव रवीन्द्रनाथ ठाकुर ने यह गीत पहली बार गाया। इस अधिवेशन में उपस्थित सभी सदस्यों ने सावधान खड़े होकर गीत गाया। इसके उपरांत कांग्रेस के सभी अधिवेशनों का शुभारंभ "वंदे मातरम" से होने की परंपरा बन गई। यह परंपरा आज भी जारी है।

कांग्रेस अधिवेशन और वंदे मातरम

आकाशवाणी के दिल्ली केंद्र में गुरूदेव रवीन्द्रनाथ ठाकुर जी की मौलिक आवाज में "वंदे मातरम"गीत सुरक्षित है जो आपने सन् 1896 के कांग्रेस के कलकत्ता अधिवेशन में गाया था। पाँच साल बाद यानी सन् 1901 में कलकत्ता में हुए एक अन्य अधिवेशन में श्री चरणदास ने यह गीत पुनः गाया। सन् 1905 के बनारस अधिवेशन में इस गीत को सरला देवी चौधरानी ने स्वर दिया। सरला देवी चौधरानी रवीन्द्रनाथ ठाकुर की भतीजी थी। बंगाल प्रदेश कांग्रेस के प्रांतीय अधिवेशन में भी वंदे मातरम गाया गया। यह अधिवेशन 1906 में हुआ था और इसकी अध्यक्षता बंगाल के अब्दुल रसूल ने की थी। इस अधिवेशन में प्रतिनिधियों ने वंदे मातरम बैच लगा रखे थे। इस कारण पुलिस ने उन पर लाठी चार्ज किया। इस घटना की गूंज मद्रास तक पहुंची। वहां भी वंदे मातरम का उदघोष करते हुए बड़ी संख्या में लोग एक मैदान में एकत्रित हो गए थे। महाराष्ट्र के वर्धा शहर में 14-17 अगस्त, 1937

में कांग्रेस वर्किंग कमेटी की बैठक में वंदे मातरम पर विस्तार से विचार विमर्श हुआ। इस बैठक में यह निर्णय लिया गया कि वंदे मातरम गीत के पहले दो अनुच्छेद भारत माता की वंदना के रूप में हैं और इससे किसी की भी धार्मिक आस्था आहत नहीं होती।

कांग्रेस द्वारा सन् 1937 में पारित प्रस्ताव में भी कहा गया था- "जहाँ भी 'वंदे मातरम' गाया जाए, वहाँ केवल पहले दो छंद गाए जाएँ और आयोजकों को यह स्वतंत्रता हो कि वे इसके साथ कोई और आपत्तिहीन गीत भी गा सकें।"

'वंदे मातरम' की आलोचना करने वाले वर्ग को यह ध्यान रखना चाहिए कि पहली बार सन् 1896 में कांग्रेस के अधिवेशन में रवीन्द्रनाथ टैगोर ने ही गाया था, जिसकी अध्यक्षता रहमतुल्लाह सयानी ने की थी।

संविधान सभा

यह दुखद है कि आलोचना करने वाला वर्ग केवल टैगोर के सन् 1937 के निर्णय का अनादर कर रहे हैं, बल्कि संविधान सभा की उस बुद्धिमत्ता पर भी प्रश्नचिह्न लगा रहे हैं। जिसने उसी रूप में 'वंदे मातरम' को अपनाया।

संविधान सभा के अध्यक्ष राजेंद्र प्रसाद ने 24 जनवरी 1950 को कहा था-

"'जन गण मन' को भारत का राष्ट्रीय गान घोषित किया जाता है और 'वंदे मातरम', जिस ने स्वतंत्रता संग्राम में ऐतिहासिक भूमिका निभाई, उसे भी समान सम्मान और दर्जा प्राप्त होगा।"

उन्होंने यह भी बताया कि इस विषय पर प्रस्ताव लाने के बजाय यह बेहतर समझा गया कि अध्यक्ष स्वयं इस संबंध में घोषणा करें।

इतिहास स्पष्ट करता है कि टैगोर ने सन् 1896 में इसे गाया और बाद में तय किया कि केवल शुरुआती दो छंद ही उपयुक्त हैं। 150वीं वर्षगांठ का उपयोग विभाजनकारी राजनीति के लिए करना इतिहास का तोड़-मरोड़ प्रस्तुत करना है।

स्वतंत्र भारत और संसद भवन

15 अगस्त, 1947 को संसद भवन के केंद्रीय कक्ष में पंडित ओमकार नाथ ठाकुर ने वंदे मातरम गीत प्रस्तुत किया।

❒

अध्याय-8

देशभक्तों के विचार और योगदान

वंदे मातरम तेजी से लोकप्रिय हुआ क्योंकि यह दो शब्द सहजता से लोगों ने याद कर लिए। अशिक्षित जनता को भी इसका उच्चारण करने में कोई दिक्कत नहीं हुई। जनमानस में वंदे मातरम की लोकप्रियता को ध्यान में रखते हुए सभी अधिवेशनों की शुरुआत वंदे मातरम से करने का निर्णय लिया गया।

वंदे मातरम को कई क्रांतिकारियों ने जन-जन तक पहुंचाया। उत्तर भारत में लाला लाजपत राय ने, पश्चिम में बाल गंगाधर तिलक ने, दक्षिण भारत में सुब्रमण्यम भारती ने और दार्शनिक रूप से अरबिंदो घोष ने इसे लोकप्रिय बनाने में प्रमुख भूमिका अदा की थी। इसके अलावा गांधीजी, भगत सिंह, सुखदेव, राजगुरु और अन्य क्रांतिकारियों ने भी इसे स्वतंत्रता संघर्ष के दौरान उदघोष के रूप में इस्तेमाल किया।

अहमद अली, शौकत अली, जफर अली जैसे वरिष्ठ मुस्लिम नेता इसके सम्मान में उठकर खड़े होते थे। कट्टर सांप्रदायिक बनने के पहले मोहम्मद अली जिन्ना तो इसके सम्मान में न खड़े होने वालों को फटकार लगाते थे। अशफाक उल्ला इसे गाते हुए फांसी पर झूल गए। पूर्व कांग्रेस नेता आरिफ मोहम्मद खान ने इसका उर्दू में अनुवाद किया।

महात्मा गांधी के 'वंदेमातरम' पर विचार

महात्मा गांधी के 'वंदेमातरम' पर विचार थे कि यह एक राजनीतिक उदघोष है, न कि धार्मिक नारा। यह पूरे भारत को एक अखंड तस्वीर के रूप में प्रस्तुत करता है। धार्मिक रूप से आपत्तिजनक नहीं होना चाहिए। उन्होंने इस गीत की भावना का सम्मान किया। सन् 1947 में एक प्रार्थना सभा में, उन्होंने स्पष्ट किया कि 'वंदेमातरम' को कभी भी मुसलमानों का अपमान करने या उन्हें ठेस पहुँचाने के लिए नहीं गाना चाहिए। उन्होंने 29 अगस्त, 1947 को कोलकाता में एक प्रार्थना सभा में 'वंदेमातरम' गाए जाने पर खड़े नहीं हुए, क्योंकि उनका मानना था कि खड़े होना एक यूरोपीय परंपरा है जो भारतीय संस्कृति के अनुरूप नहीं है, भले ही अन्य सभी खड़े थे। उन्होंने यह भी तर्क दिया कि राष्ट्रगान के

सम्मान में केवल खड़ा होना ही नहीं है, आप बैठकर भी उनका सम्मान कर सकते हैं, क्योंकि राष्ट्रवाद जबरदस्ती नहीं थोपा जा सकता, बल्कि वह एहसास खुद से होना चाहिए।

23 अगस्त, 1947 को कोलकाता में एक प्रार्थना सभा में जब "अल्लाह-ओ-अकबर" और "वंदे मातरम" का उद्घोष हुआ तो गांधीजी ने स्पष्ट रूप से कहा था कि "वंदे मातरम" कोई धार्मिक नारा नहीं, बल्कि एक राजनीतिक उदघोष ष है। कांग्रेस ने इस विषय पर गुरुदेव रवीन्द्रनाथ टैगोर से राय ली थी। टैगोर के सुझाव के अनुसार कांग्रेस कार्यसमिति के हिंदू और मुस्लिम दोनों सदस्यों ने यह निर्णय लिया कि गीत के शुरुआती दो छंद किसी को आपत्तिजनक नहीं लगते और उन्हें सबको मिलकर गाना चाहिए। टैगोर के वक्तव्य का उत्तर देते हुए गांधीजी ने कहा- "इसे कभी भी मुसलमानों का अपमान करने या उन्हें ठेस पहुंचाने के लिए नहीं गाना चाहिए।"

दक्षिण अफ्रीका में रहते हुए गांधीजी ने 2 दिसंबर, 1905 को इंडियन ओपिनियन में "द हीरोइन सॉन्ग ऑफ बंगाल" नामक लेख में लिखा- "'वंदे मातरम' हमारा राष्ट्रीय गीत है।" उन्होंने आगे लिखा -

"यह भावनाओं में श्रेष्ठ और अन्य देशों के गीतों से कहीं अधिक मधुर है। इसमें किसी के प्रति द्वेष नहीं, केवल देशभक्ति की भावना है। यह भारत माता की स्तुति है, जैसे हम अपनी माँ की पूजा करते हैं।"

27 अप्रैल, 1915 को मद्रास अर्थात वर्तमान चेन्नई में वाई एम सी ए में भाषण देते हुए उन्होंने कहा कि -

"वंदे मातरम' सुनकर लोग खड़े हो जाते हैं, क्योंकि यह गीत साहस और देशभक्ति जगाता है।...अगर हमारे शासक गलत कर रहे हैं और हमें बोलना देशहित में जरूरी लगता है, तो कहो- भले ही उसे राजद्रोह समझा जाए। परंतु परिणाम भुगतने को तैयार रहो।"

1 जुलाई, 1939 को हरिजन में गांधीजी ने लिखा कि अगर किसी को किसी कारण से 'वंदे मातरम' से आपत्ति हो, तो उसे जबरदस्ती नहीं गाना चाहिए। अपनी पुस्तक Constructive Programme में भी उन्होंने विद्यार्थियों से आग्रह किया कि किसी पर यह गीत थोपा न जाए।

उन्होंने यह भी कहा कि 'वंदे मातरम' मातृभूमि को समर्पित एक ओजस्वी गीत है

जिस ने "राजनीतिक बंगाल को प्रेरित किया" और जिसके लिए कई स्वतंत्रता सेनानियों ने यातनाएं सहीं और बलिदान दिए।

महात्मा गांधी ने 'इंडियन ओपिनियन' के सन् 1905 के एक अंक में लिखा था-

"बंकिम का यह गीत इतना लोकप्रिय हो गया है, जैसे यह हमारा नेशनल एंथम (राष्ट्रगान) बन गया है। इसका एकमात्र उद्देश्य हमारे भीतर देशभक्ति की भावना जगाना है।"

सन् 1936 में गांधीजी ने अन्यत्र लिखा-

"बंकिम ने हमारी मातृभूमि के लिए जो अनेक सार्थक विशेषण प्रयुक्त किए हैं, वे एकदम अनुकूल हैं, इनका कोई सानी नहीं।"

स्वतंत्रता संग्राम में सबसे प्रभावी एवं लोकप्रिय होने के बावजूद मजहबी कट्टरता के कारण मुस्लिम लीग ने इसका विरोध किया। फिर तो सन् 1923 के कांग्रेस अधिवेशन में भी वंदे मातरम के विरोध में स्वर उठे। दुर्भाग्य से नेहरू की अध्यक्षता वाली एक समिति ने सन् 1937 में कांग्रेस के कलकत्ता अधिवेशन में अपनी अनुशंसा में कहा कि इस गीत के प्रथम दो छंद ही प्रासंगिक हैं। अंत के चार छंदों को हटाते हुए वंदे मातरम को विभाजित करने का निर्णय लिया गया। यहां जानना जरूरी है कि पूर्व में नेहरू को वंदे मातरम के मूल भाव से कोई आपत्ति नहीं थी।

इस गीत के साथ सबसे पवित्र राष्ट्रीय भावना को जोड़ने वाले महात्मा गांधी ने माना

कि वंदे मातरम ने उन्हें मंत्रमुग्ध कर दिया था और उन्हें कभी ऐसा नहीं लगा कि यह एक "हिंदू गीत है या सिर्फ "हिंदुओं के लिए है।

उन्होंने एक जुलाई, 1939 को हरिजन में लिखा-

"मैं मिश्रित सभा में वंदे मातरम गाने को लेकर एक भी झगड़ा मोल नहीं लूंगा। यह इस्तेमाल नहीं होने से कभी खत्म नहीं होगा। यह लाखों लोगों के दिलों में बसा हुआ है। यह बंगाल के अंदर और बाहर लाखों लोगों में देशभक्ति जगाता है। इसके चुने हुए छंद बंगाल का पूरे देश को कई अन्य उपहारों में से एक हैं।"

महात्मा गांधी ने आजादी के बाद भी वंदे मातरम को नहीं थोपने की सलाह दी थी। उन्होंने 23 अगस्त, 1947 को अलीपुर में कहा था-

"इसमें कोई शक नहीं कि हर काम।। दोनों साझेदारों की तरफ से पूरी तरह अपनी मर्जी से होना चाहिए।"

बिपिन चंद्र पाल

अगस्त 1906 में 'वंदे मातरम' नामक एक अंग्रेजी भाषा का अखबार कलकत्ता से बिपिन चंद्र पाल ने शुरू किया था। इस अखबार का मूल उद्देश्य था- राष्ट्रवाद और पूर्ण स्वतंत्रता के विचारों का प्रचार। इस समाचार पत्र के संपादक थे श्री अरबिंदो घोष। इस अंग्रेजी समाचार पत्र "वंदे मातरम" के माध्यम से बिपिन चंद्र पाल और अन्य नेताओं ने भारतीयों को उनके अधिकारों और स्वतंत्रता के महत्व के बारे में जागरूक किया।

लाला लाजपत राय

प्रबुद्ध लोगों ने वंदे मातरम नाम से समाचार पत्र एवं पत्रिकाओं का प्रकाशन शुरू किया। लाला लाजपत राय ने लाहौर शहर से सन् 1920 में "वंदे मातरम" नामक एक उर्दू दैनिक समाचार पत्र का प्रकाशन शुरू किया। उनका मानना था कि यह गीत स्वतंत्रता संग्राम के दौरान देशभक्ति और राष्ट्रवाद की भावना को बढ़ावा देने वाला एक शक्तिशाली जरिया था। वंदे मातरम उर्दू अखबार ने राष्ट्रवादी विचारधारा को फैलाने और लोगों की चेतना को जगाने में महत्वपूर्ण भूमिका निभाई। इतिहासकारों के एक वर्ग का मत है कि "वंदे मातरम" लाला लाजपत राय जैसे क्रांतिकारियों और देशभक्तों के लिए प्रेरणा का स्रोत था, जिसने स्वतंत्रता आंदोलन के दौरान हर भारतीय के हृदय में देशभक्ति की भावना

को प्रज्वलित किया। लाला लाजपत राय के लिए "वंदे मातरम" सिर्फ एक गीत नहीं था, बल्कि यह राष्ट्र की आत्मा की पुकार थी जिसने भारतवासियों को यह एहसास कराया कि राष्ट्र केवल एक भूभाग नहीं, बल्कि एक जीवंत माँ है।

लाला लाजपत राय और उनके सहयोगियों ने "वंदे मातरम" को भारत की राजनीतिक स्वतंत्रता और आध्यात्मिक उन्नति दोनों के लिए प्रचारित किया।

बाल गंगाधर तिलक

बाल गंगाधर तिलक ने पश्चिम भारत में 'वंदे मातरम' को लोकप्रिय बनाने में महत्वपूर्ण भूमिका निभाई। तिलक ने 'वंदे मातरम' को 'राष्ट्र की आत्मा की पुकार' और 'स्वदेशी आंदोलन की आत्मा' के रूप में देखा। उन्होंने अपने साथियों के साथ मिलकर वंदे मातरम का प्रचार-प्रसार इस तरह से किया कि स्वतंत्रता के लिए संघर्ष करने वाले लाखों भारतीयों के जीवन में नई ऊर्जा का संचार हुआ। तिलक 'वंदे मातरम' को केवल एक गीत नहीं, बल्कि राष्ट्र की आत्मा की पुकार मानते थे।

सावरकर

सावरकर के अनुसार- "वंदे मातरम भारत माता के प्रति श्रद्धा और देशभक्ति का प्रतीक है।" उन्होंने इसे हिंदुओं के लिए एक राष्ट्रीय गीत के रूप में स्वीकार किया। इसका विरोध करने वाले मुस्लिम नेताओं की आलोचना की। सावरकर का मानना था कि इसे धार्मिक आधार पर खारिज करना राष्ट्रविरोधी है।

सन् 1908 में भारत के विद्रोही सैनिकों के सम्मान में एक कार्यक्रम में सावरकर ने सभी प्रतिभागियों के लिए 'वंदे मातरम' बैज बनवाए थे। सावरकर ने लंदन में इंडिया हाउस को "वंदे मातरम"का मंदिर बना दिया था। जहां इसे सुबह-शाम प्रार्थना और अभिवादन का हिस्सा बनाया जाता था।

सावरकर ने सन् 1906-08 में मराठी भाषा में लिखी पुस्तक- 'भारत का 1857 का स्वाधीनता संग्राम' का पहला संस्करण 10 मई, 1909 को प्रकाशित हुआ। इस पुस्तक का अंग्रेजी में अनुवाद करवाया गया। अंग्रेजी संस्करण नीदरलैंड्स से सन् 1909 में मुद्रित हुआ। इसी दौर में राष्ट्रीय संदेश वाली पुस्तकें 'वंदे मातरम' से शुरू होती थीं। सावरकर की यह पुस्तक 'वंदे मातरम' पर समाप्त की गई थी। सावरकर की किताब के अंश लंदन में रविवार के दिन अलग-अलग जगहों पर पढ़े जाने लगे। किताबों के अंश पढ़े जाने से पहले वंदे मातरम का गायन अनिवार्य रूप से होता था। अंग्रेजों ने इस पुस्तक को प्रतिबंधित साहित्य की सूची में डालने के बाद अंग्रेज भारत आने वाले यात्रियों के सामान में हथियारों

की जांच करते। अंग्रेज चाहते थे कि सावरकर की पुस्तक भारत न पहुंचे। लाख कोशिशों के बावजूद अंग्रेज सावरकर की पुस्तक भारत पहुंचने से रोक नहीं पाए। पुस्तक भारत पहुंचतीं रहीं और उनके विचार भी।

उन्होंने 1930 के दशक में मुस्लिम लीग की ओर से इसका बहिष्कार करने की मांग की कड़ी निंदा की। उनकी किताब "भारत का 1857 का स्वाधीनता संग्राम" के अंत में "वंदे मातरम"का उल्लेख किया है। ब्रिटिश हुकूमत ने इस नारे को और सावरकर की किताब को प्रतिबंधित कर दिया। इसके बावजूद सावरकर के विचार और "वंदे मातरम" का संदेश पूरे देश और विदेश तक फैलता रहा।

सावरकर ने इसे भारत माता के प्रति श्रद्धा व्यक्त करने वाला एक राष्ट्रीय गीत माना। सावरकर ने अपने प्रसिद्ध ग्रंथ सन् 1923 में प्रकाशित हुई सावरकर की पुस्तक "हिंदुत्व: हू इज अ हिंदू?" में स्पष्ट रूप से "वंदे मातरम" को हिंदुओं के लिए एक राष्ट्रीय गीत के रूप में स्वीकार किया है।

भगत सिंह

भगत सिंह अपने पत्रों में वंदे मातरम से अभिवादन करते थे। भगत सिंह की डायरी और गतिविधियों में 'वंदे मातरम' का उल्लेख मिलता है। यह उनके लिए मातृभूमि के लिए सब कुछ कुर्बान करने का प्रतीक था और ब्रिटिशों के लिए भय का कारण था।

मोहम्मद अली जिन्ना

आपने पढ़ा कि अहमद अली, शौकत अली, जफर अली जैसे वरिष्ठ मुस्लिम नेता इसके सम्मान में उठकर खड़े होते थे। कट्टर सांप्रदायिक बनने के पहले मोहम्मद अली जिन्ना तो इसके सम्मान में न खड़े होने वालों को फटकार लगाते थे। अशफाक उल्ला खांन इसे गाते हुए फांसी पर झूल गए। पूर्व कांग्रेस नेता आरिफ मोहम्मद खान ने इसका उर्दू में अनुवाद किया।

इससे स्पष्ट है कि कालांतर में अंग्रेजों की फूट डालो और शासन करो की नीति के तहत मोहम्मद अली जिन्ना का स्वर बदला। मत बदला और बदल गईं गुलाम भारत की राजनीति।

मोहम्मद अली जिन्ना ने "वंदे मातरम" को इस्लाम-विरोधी और मुस्लिम-विरोधी गीत मानते हुए उसका विरोध किया। उन्होंने सन् 1937 और सन् 1938 में इस मुद्दे पर कांग्रेस की आलोचना करते हुए यह तर्क दिया कि यह गीत धार्मिक भावनाओं को ठेस पहुंचाता है। कांग्रेस इसे जबरन थोपने की कोशिश कर रही है। जिससे हिंदू-मुस्लिम संबंधों

में तनाव बढ़ा। उनका मानना था कि कांग्रेस का यह कदम उसे एक हिंदू संगठन के रूप में दर्शाता है। कांग्रेस मुस्लिम बच्चों को सरकारी स्कूलों में इस गीत को गाने के लिए मजबूर कर रही है, जो इस्लाम के विरुद्ध है। जिन्ना ने इस मुद्दे को राजनीतिक रूप से इस्तेमाल किया ताकि वह कांग्रेस पर हिंदू केंद्रित होने का आरोप लगा सकें। मुसलमानों की धार्मिक पहचान पर जोर दे सकें। उन्होंने कांग्रेस को "राष्ट्रवाद का ढोंग" करने वाला भी कहा।

मोहम्मद अली जिन्ना कांग्रेस के किसी भी प्रयास को स्वीकार करने को तैयार नहीं थे।

कांग्रेस ने आपत्तिजनक छंदों को हटाने के लिए एक समिति बनाई। जिन्ना ने उस समय भी अपना विरोध जारी रखा। यह कहते कहा- "वंदे मातरम का पूरा या कटा हुआ संस्करण, दोनों ही मुसलमानों को स्वीकार्य नहीं हैं।"

राष्ट्रीय स्वयंसेवक संघ और वंदे मातरम

सन् 1925 में राष्ट्रीय स्वयंसेवक संघ की स्थापना के समय संघ इसे अपनी प्रार्थना का हिस्सा नहीं बनाना चाहता था क्योंकि उन्हें लगता था कि यह गीत कांग्रेस पार्टी से जुड़ा हुआ है। ऐसा माना जाता था कि संघ का फोकस और कार्यशैली कांग्रेस से अलग थी, इसलिए उन्होंने इसे अपनाने में संकोच जताया। यही कारण है कि राष्ट्रीय स्वयंसेवक संघ अपने शुरुआती दिनों में "वंदे मातरम" गीत को लेकर थोड़ा संशयपूर्ण था।

कालांतर में संघ और उससे संबंधित दलों ने स्वतंत्र भारत में "वंदे मातरम"के महत्व को स्वीकार किया, लेकिन संघ ने कुछ साल पहले तक अपनी शाखाओं में इसे अनिवार्य रूप से गाने का प्रचलन नहीं बनाया। कह सकते हैं कि संघ ने "वंदे मातरम"को सीधे तौर पर न तो वंदे मातरम को स्वीकार और न इसे अपनाया।

संघ ने रवींद्रनाथ टैगोर द्वारा रचित "जन-गण-मन" को राष्ट्रगान के रूप में पूर्ण समर्थन दिया क्योंकि इसे किसी भी समुदाय ने धार्मिक आधार पर चुनौती नहीं दी थी। संघ ने हमेशा कहा कि वह "जन-गण-मन" को सर्वोच्च सम्मान देता है और "वंदे मातरम" का भी सम्मान करता है, लेकिन राष्ट्रगान का दर्जा "जन-गण-मन" को ही मिलना चाहिए।

हेडगेवार

संघ के संस्थापक हेडगेवार "वंदे मातरम" को राष्ट्रभक्ति जगाने और हिंदू समाज को एकजुट करने के लिए एक सशक्त मंत्र मानते थे। अपने मत के विपरित उन्होंने संघ की दैनिक शाखाओं में इसे शामिल नहीं किया बल्कि "नमस्ते सदा वत्सले" जैसे गीत को शामिल किया।

एम एस गोलवलकर

संघ के दूसरे सरसंघचालक एम एस गोलवलकर ने अपनी पुस्तक 'बंच ऑफ थॉट्स' में लिखा- "वंदे मातरम एक पवित्र राष्ट्रीय मंत्र बन गया है... हालांकि, इसके कुछ छंदों में देवी दुर्गा का चित्रण है, जिसे कुछ लोगों ने धार्मिक आधार पर आपत्ति जताई है... इसलिए, राष्ट्रीय एकता को ध्यान में रखते हुए, 'जन-गण-मन' को राष्ट्रगान के रूप में अपनाया गया, जिसे सभी ने स्वीकार किया।"

मौलाना आजाद

मौलाना अबुल कलाम आज़ाद ने 'वंदे मातरम' की प्रशंसा करते हुए कहा था- "ये गीत बहुत सुंदर है और प्रेरणादायक है। यह देशभक्ति का प्रतीक है।"

उन्होंने स्वीकार किया कि कुछ धार्मिक मान्यताओं के कारण इसके विरोध के अपने तर्क थे, लेकिन उन्होंने इस विरोध को धर्म के नाम पर अत्यधिक तूल देने वाला बताया। इसके बावजूद उन्होंने इस बात पर जोर दिया कि 'वंदे मातरम' का मतलब भारत माता की 'पूजा' नहीं, बल्कि उनके प्रति सम्मान और राष्ट्रप्रेम की भावना व्यक्त करना है। उन्होंने इस गीत में इस्लामी सिद्धांतों की वही झलक देखी जैसे 'सुलह-ए-कुल' यानी सार्वभौमिक शांति और 'वहादत-ए-दीन' यानी धर्म की एकता में देखने को मिलती है। यह विचार अपने आप में गौरवशाली है।

मौलाना आजाद इसे 'पूजा' के बजाय 'वंदना' के रूप में देखा और कहा- "वंदे मातरम' का अर्थ भारत माँ को सलाम करना है।"

सरदार वल्लभ भाई पटेल

"वंदे मातरम" की भावना को उन्होंने अपने कार्यों और 'एक भारत, श्रेष्ठ भारत' के विजन के माध्यम से मूर्त रूप दिया। उनका मानना था कि राष्ट्रवाद और एकता भारत की पहचान और आगे बढ़ने के लिए आवश्यक है। पटेल ने 565 रियासतों को एकीकृत करके 'वंदे मातरम' को मजबूत किया, जो भारत की राष्ट्रीय एकता और गौरव का प्रतीक है।

पंडित जवाहरलाल नेहरू

पंडित जवाहरलाल नेहरू मानते थे कि "वंदे मातरम" देशभक्ति और राष्ट्र की एकता की आवाज है, जो अंग्रेजों के खिलाफ लोगों को एकजुट करती थी। पंडित जवाहरलाल नेहरू एक तरफ, वह इस गीत को देशभक्ति और राष्ट्र की एकता के प्रतीक के रूप में देखते थे, जबकि दूसरी तरफ, उनके नेतृत्व वाली कांग्रेस ने मुस्लिम लीग के विरोध के बाद, धार्मिक भावनाओं को आहत करने वाली पंक्तियों को हटा दिया था। यह कदम राष्ट्र की

एकता बनाए रखने और धार्मिक संवेदनशीलता का ध्यान रखने के प्रयास के रूप में देखा गया। आलोचकों का तर्क है कि यह 'तुष्टिकरण' की राजनीति थी और उसने "वंदे मातरम" को खंडित कर दिया। आलोचकों का मानना है कि "वंदे मातरम" का विभाजन देश के इतिहास का एक 'आत्मघाती तुष्टीकरण' था, जिसने राष्ट्र गीत को खंडित कर दिया और विभाजन के बीज बो दिए। उनका तर्क है कि नेहरू ने मुस्लिम लीग के दबाव में आकर धार्मिक छंद हटाए, जिससे गीत की आत्मा को ठेस पहुंची।

नेहरू ने 1 सितंबर, 1937 को अली सरदार जाफरी को एक पत्र में लिखा -

"मुझे नहीं लगता कि कोई भी व्यक्ति इनमें आए शब्दों का देवी से कोई संबंध है। यह व्याख्या हास्यास्पद है।"

सन् 1937 में, मुस्लिम लीग ने गीत में हिंदू देवी-देवताओं के संदर्भों पर आपत्ति जताई। इसके जवाब में नेहरू के नेतृत्व वाली कांग्रेस ने धार्मिक आधार पर उन छंदों को हटाने का फैसला किया। यह निर्णय राष्ट्रीय एकता को बनाए रखने के लिए किया गया था। नेहरू ने एक पत्र में लिखा था कि "वंदे मातरम" के शब्दों को देवी से संबंधित मानना मुसलमानों को असहज कर सकता है।

राष्ट्रगान के रूप में वंदे मातरम पर विवाद पर पंडित नेहरू ने कहा -

"यह दुर्भाग्यपूर्ण है कि 'वंदे मातरम' और 'जन गण मन' के बीच किसी प्रकार का तर्क उत्पन्न हो गया है। 'वंदे मातरम' स्पष्ट रूप से और निर्विवाद रूप से भारत का प्रमुख राष्ट्रीय गीत है, जिसकी एक महान ऐतिहासिक परंपरा है और यह हमारे स्वतंत्रता संग्राम से घनिष्ठ रूप से जुड़ा हुआ है। यह उस स्थान को बनाए रखने के लिए बाध्य है और कोई अन्य गीत इसे विस्थापित नहीं कर सकता है। यह उस संघर्ष की स्थिति और मार्मिकता का प्रतिनिधित्व करता है। राष्ट्रगान की धुन के संबंध में यह महसूस किया गया कि धुन शब्दों से अधिक महत्वपूर्ण है। इसलिए ऐसा लगा कि जहां 'वंदे मातरम' को भारत में सर्वश्रेष्ठ राष्ट्रीय गीत बना रहना चाहिए। वहीं राष्ट्रगान की धुन 'जन गण मन' की होनी चाहिए।"

20 अक्टूबर, 1937 को सुभाष चंद्र बोस को लिखे एक पत्र में भी नेहरू ने लिखा-

"इसमें कोई संदेह नहीं है कि वंदे मातरम के खिलाफ वर्तमान हल्ला-गुल्ला काफी हद तक सांप्रदायिक लोगों द्वारा पैदा किया गया है और जो लोग सांप्रदायिक विचार रखते हैं, वह इससे प्रभावित हुए हैं।"

सन् 1950 में "जन गण मन" को राष्ट्रगान के रूप में चुना गया, जबकि "वंदे मातरम" को भी राष्ट्रगीत का दर्जा दिया गया लेकिन "वंदे मातरम" के कुछ हिस्सों पर विवाद बना रहा।

"कुछ मुसलमानों द्वारा वंदे मातरम का विरोध किए जाने का कोई सवाल नहीं है और हममें से ज्यादातर लोगों पर यहां इस बात का कोई असर नहीं है। ... (लेकिन क्या किया जाए कि) हममें से ज्यादातर लोग बड़ी शिद्दत से महसूस करते हैं कि मौजूदा संदर्भ में वंदे मातरम राष्ट्रगान बनाने के लिए सर्वथा उपयुक्त है...हां, जहां तक जन-गण-मन को राष्ट्रगान बनाए जाने का सवाल है तो मामला निश्चित तौर पर संविधान सभा ही तय करेगी...वंदे मातरम हमारी आजादी की लड़ाई से जुड़ा हुआ गीत है और रहेगा। इसे इसी के अनुरूप सम्मान दिया जाएगा।" 1948 में 15 जून को तत्कालीन प्रधानमंत्री जवाहरलाल नेहरू ने ये बातें पश्चिम बंगाल के तत्कालीन मुख्यमंत्री बिधान चंद्र राय को उस पत्र में लिखी थी। जो राय द्वारा तीन दिन पहले 12 जून को उन्हें भेजे गए पत्र का जवाब था।

उस वक्त मध्य प्रांत के बाद पश्चिम बंगाल के मुख्यमंत्री बिधान चंद्र राय भी 'वंदे मातरम' को राष्ट्रगान बनाने के पक्ष में उठ खड़े हुए थे। वंदे मातरम का पक्ष बहुत मजबूत हो जाने के रूप में देखा जा रहा था। राय ने नेहरू को अपने उक्त पत्र में यह लिखने से भी परहेज नहीं किया था कि भले ही कुछ मुसलमान इसका विरोध करें, तब भी वंदे मातरम को ही राष्ट्रगान बनाया जाए।

उनका यह लिखना इस अर्थ में बहुत स्वाभाविक था कि 'वंदे मातरम' में इस्तेमाल अधिकतर प्रतीक बंगाल से ही संबंधित थे और कई लोगों के अनुसार वह 'बंगाल का राष्ट्रगान' होने के लिए सर्वथा उपयुक्त था। ऐसे में राज्य के मुख्यमंत्री के रूप में, स्वाभाविक ही, बिधान चंद्र राय उसे लेकर बहुत भावुक थे। पंडित जवाहरलाल नेहरू ने इस बात को समझते हुए बिना देर किए राय को जवाबी पत्र में उक्त बातें तो लिखी ही थी। यह भी लिखा था कि राष्ट्रगान (का मामला) संघर्ष और रिश्ते को दिखाने वाली उन चीजों से अलग है, जिनका 'वंदे मातरम' प्रतिनिधित्व करता है। उन्होंने लिखा था:

"राष्ट्रगान विजय और उससे मिली संतुष्टि का प्रतीक होना चाहिए, न कि अतीत के संघर्ष का। राष्ट्रगान मुख्य रूप से संगीत है न कि शब्द। इसका संगीत ऐसा होना चाहिए, जो जोश दिलाए और जिसे संतोषजनक ढंग से पूरी दुनिया में कहीं भी बजाया जा सके...।

राष्ट्रगान को देश की तुलना में विदेश में ज्यादा बजाया जाना होता है। हमारे हर दूतावास को, विदेश कार्यालय को इसे बजाना होता है... (इस लिहाज से) जन-गण-मन हमारे खास प्रयास के बिना ही सुर्खियों में आ गया है...। जहां तक वंदे मातरम की भाषा का सवाल है, तो ज्यादातर लोग इसे समझ नहीं पाते। निश्चित तौर पर मैं भी इसे समझ नहीं पाता।"

इतिहास गवाह है कि पंडित नेहरू अपने इस तार्किक और समावेशी रवैये से बिधान चंद्र राय को सहमत करने में सफल रहे थे। जिसके बाद आम सहमति के माहौल में देश ने जन-गण-मन को राष्ट्रगान और वंदे मातरम को राष्ट्रगीत के रूप में सहर्ष अंगीकार कर लिया था।

21 जून 1948 को श्यामा प्रसाद मुखर्जी को लिखी चिट्ठी में पंडित नेहरू ने दोहराया कि वंदे मातरम की धुन आर्केस्ट्रा के लिए उपयुक्त नहीं है, जबकि जन गण मन देश-विदेश में लोगों को तुरंत आकर्षित करता है। उनके अनुसार वंदे मातरम भावनाओं से जुड़ा महान राष्ट्रीय गीत है, लेकिन आजादी मिलने के बाद राष्ट्रगान के रूप में वह धुन उतनी उपयुक्त नहीं।

25 अगस्त 1948 को संविधान सभा में दिए उत्तर में भी पंडित जवाहर लाल नेहरू ने कहा कि वंदे मातरम भारत का 'प्रमुख राष्ट्रीय गीत' है और रहेगा। लेकिन राष्ट्रीय गान वह होना चाहिए जिसका संगीत भारतीय और पश्चिमी दोनों शैलियों में बज सके और जिसे दुनिया भर में आसानी से अपनाया जा सके। उनके अनुसार जन गण मन का संगीत इस कसौटी पर खरा उतरता है, जबकि वंदे मातरम में वह गति और चाल नहीं जो अंतरराष्ट्रीय मंचों पर आवश्यक होती है।

पंडित नेहरू ने यह भी कहा कि अंतिम निर्णय संविधान सभा को करना है। वह चाहे तो जन गण मन को चुन सकती है, वंदे मातरम को राष्ट्रीय गीत बनाए रख सकती है या फिर किसी बिल्कुल नए गीत और धुन का चयन भी कर सकती है। इस प्रकार पंडित नेहरू

के तर्क मुख्यतः संगीत, भाषा, अंतरराष्ट्रीय स्वीकार्यता और राष्ट्रीय गान व राष्ट्रीय गीत के अलग-अलग भाव से जुड़े थे।

तवायफ समूह

महात्मा गांधी के आह्वान पर वेश्यावृत्ति के पेशे से मुक्त होकर राष्ट्रीय संघर्ष में तवायफें शामिल हुई। ऐसा कहा जाता है कि देश के विभिन्न क्षेत्रों से आई तवायफें बनारस तवायफ़ सभा में एकजुट हुईं। जिसकी पहली अध्यक्ष हुस्ना बाई ने साथी महिलाओं से आह्वान किया कि वह सोने के आभूषणों से सजने के बजाय भारत की गुलामी के प्रतीक के रूप में लोहे की बेड़ियाँ पहने। उन्होंने उसे अपने संगीत कार्यक्रमों की शुरुआत देशभक्ति गीतों से करने की अपील की। उन्हें बनारस की एक और प्रतिष्ठित गायिका विद्याधरी बाई से देशभक्ति गीत सीखने की सलाह दी। हुस्ना बाई और विद्याधरी बाई दोनों के पास ऐसे विरोधी गीतों के ग्रामोफोन रिकॉर्ड मौजूद थे। लेकिन अब बहुत कम बचे हैं। अनेक विद्वानों का मत है कि तवायफों ने वंदे मातरम गीत भी गाया था।

प्रसिद्ध समकालीन कलाकार शुभा मुद्गल और अनीश प्रधान, विद्याधरी बाई के संगीत समारोहों में गाए जाने वाले प्रसिद्ध शुरुआती गीतों में से एक- "चुन चुन के फूल ले लो" के मूल बोल ढूंढने में कामयाब रहे। उन्होंने इसे अपनी कल्पना के अनुसार धुनबद्ध करके रिकॉर्ड किया है। इस गीत में विद्याधरी पूरे विश्वास के साथ कहते हैं कि भारत अब गुलाम नहीं रह सकता क्योंकि अब समय आ गया है कि बेड़ियाँ तोड़ दी जाएं और लाखों लोग अपनी मातृभूमि के लिए बलिदान देने को तैयार हैं।

डॉ. राजेंद्र प्रसाद

वंदे मातरम की लोकप्रियता के कारण सन् 1950 में संविधान सभा ने डॉ. राजेंद्र प्रसाद द्वारा वंदे मातरम को राष्ट्रगीत के रूप में अपनाने के प्रस्ताव को स्वीकार कर लिया।

सन् 1950 में भारत सरकार ने एक समिति की सिफारिश पर यह फैसला किया गया कि "वंदे मातरम" के पहले दो छंद को राष्ट्रीय गीत का दर्जा दिया जाएगा। "जन-गण-मन" को राष्ट्रगान के रूप में अपनाया जाएगा। आरएसएस ने इस सरकारी फैसले को कभी कोई चुनौती नहीं दी।

❐

अध्याय-9

एक गीत जो मंत्र बन गया

बंकिम बाबू ने 'आनंदमठ' उपन्यास सन् 1880 में लिखा। कलकत्ता की 'बंग दर्शन' मासिक पत्रिका में उसे क्रमशः प्रकाशित किया गया। उपन्यास 'आनंदमंठ' लिखने के करीब पांच वर्ष पहले बंकिम बाबू ने 'वंदे मातरम' को लिख दिया था। 'आनंदमठ' उपन्यास प्रकाशित होने के बाद लोगों को उसका पता चला।

इस संबंध में एक दिलचस्प किस्सा है। बंकिम बाबू 'बंग दर्शन' के संपादक थे। एक बार पत्रिका का साहित्य तैयार हो रहा था। उस समय साहित्य कम पड़ गया था। बंकिम बाबू के सहायक संपादक रामचंद्र बंदोपाध्याय बंकिम बाबू के घर पर गए और उनकी निगाह 'वंदे मातरम' लिखे हुए कागज पर गई।

कागज उठाकर बंदोपाध्याय ने कहा- "फिलहाल तो मैं उससे ही काम चला लेता हूँ।"

बंकिमचंद्र ने अपने सहायक संपादक को कहा- "नहीं! ये गीत पत्रिका में प्रकाशित नहीं कर सकते।"

यह बात सन् 1872 से 1876 के बीच की होगी। बंकिम बाबू ने बंदोपाध्याय से कहा- "आज इस गीत का मतलब लोग समझ नहीं सकेंगे।...एक दिन ऐसा आएगा कि ये गीत सुनकर सम्पूर्ण देश निद्रा से जाग उठेगा।"

यह सुनकर सहायक संपादक रामचंद्र बंदोपाध्याय ने कहा- "फिर तो इस गीत का प्रकाशन अत्यंत आवश्यक है। आज भले ही लोग इसका मतलब न समझें लेकिन भविष्य की नींव तो तैयार हो जाएगी।"

गीत पत्रिका में प्रकाशित हुआ और अमर हो गया।

इस संबंध में एक किस्सा और भी प्रचलित है। बंदोपाध्याय बंकिमचंद्र के घर गए। दोपहर का समय था। बंकिम बाबू सो रहे थे। बंकिम बाबू जागे और उन्होने सहायक संपादक रामचंद्र बंदोपाध्याय को वह कागज पढ़ने को दिया जिस पर वंदे मातरम गीत लिखा हुआ था।

'वंदे मातरम' गीत पढ़ने के बंदोपाध्याय ने कहा- "गीत तो अच्छा है...पर अधिक संस्कृतनिष्ठ होने के कारण लोगों की जुबान पर आसानी से चढ़ नहीं सकेगा।"

यह सुनकर बंकिम बाबू हंस दिए और बोले- "यह गीत शतकों तक गाया जाता रहेगा।"

बंकिमचंद्र का कथन सही निकला। या यह कहें कि उनकी भविष्यवाणी सच साबित हुई। आज भी यह गीत हर हिंदुस्तानी के अलावा सारी दुनिया में लोकप्रिय है। सन् 1876 के बाद बंकिम बाबू ने बंग दर्शन की संपादकी छोड़ दी।

भारतीयों के अलावा विदेशी विचारकों ने भी मुक्त कंठ से वंदे मातरम गीत की प्रशंसा की थी। लॉर्ड एक्टन ने कहा था- "राजनीतिक जीवन में देशभक्ति वैसी ही है जैसी आस्था धर्म में।" रूसो ने कहा था- "क्या आप चाहते हैं कि लोग सदाचारी बनें? तो आइए हम उन्हें अपने देश से प्रेम करना सिखाए।" लॉर्ड टेनिसन ने लिखा है- "जो गीत किसी राष्ट्र के हृदय को झंकृत करता है, वह स्वयं एक कर्म है।"

❐

अध्याय-10

कांग्रेस अधिवेशन और वंदे मातरम

सन् 1896 में कलकत्ता में कांग्रेस का राष्ट्रीय अधिवेशन हुआ। उस अधिवेशन की शुरुआत इसी गीत से हुई। गुरुदेव रवीन्द्रनाथ टैगोर ने सबसे पहले वंदे मातरम गीत को स्वर दिया।

अनेक साहित्यकारों और इतिहासकारों का मानना हैं कि गुरुदेव रवीन्द्रनाथ टैगोर बंकिम बाबू एक कीर्तनकार द्वारा गाए गए एक कीर्तन गीत 'एसो एसो बंधु माघ आंचरे बसो' को सुनकर बेहद प्रभावित हुए। गीत सुनकर गुलामी की पीड़ा का उन्होंने तीव्र रूप से अनुभव किया। इसी भजन से प्रेरणा लेकर उन्होंने कांग्रेस के कलकत्ता अधिवेशन में वंदे मातरम गीत गाया था। इस अधिवेशन में सैंकड़ों युवाओं ने यह गीत सुना और मंत्रमुग्ध हो गए। तभी से यह गीत भारतीय युवकों के लिए एक मार्गदर्शक बन गया। इस गीत ने युवाओं को नई प्रेरणा दी। आजादी की लड़ाई में इस गीत ने महान उद्देश्य दिया। मातृभूमि को सुजलाम्-सुफलाम् बनाने के लिए प्रेरित किया। 'वंदे मातरम' इन दो शब्दों ने देश को आत्मसम्मान दिया और देशप्रेम की सीख दी। हजारों वर्षों से सुप्त पड़ा यह देश इस एक गीत से निद्रा से जाग उठा।

भारतीय राष्ट्रीय कांग्रेस ने सन् 1901 में दक्षिण राजन सेन के मार्गदर्शन में वंदे मातरम का अभ्यास किया। डॉ. रवीन्द्रनाथ टैगोर की भतीजी श्रीमती सरला देवी चौधरानी ने ब्रिटिश सरकार द्वारा इसके गायन पर प्रतिबंध के बावजूद सन् 1905 के कांग्रेस अधिवेशन में वंदे मातरम गाया।

यह गीत क्रांतिकारियों का मुख्य मंत्र बन गया था। सन् 1905 में बंगाल के विभाजन के विरोध में वंदे मातरम का प्रयोग किया गया। कालांतर में वंदे मातरम राष्ट्रव्यापी एकता और प्रतिरोध का प्रतीक बन गया।

महात्मा गांधी की प्रार्थना सभाएं वंदे मातरम से शुरू होती थीं। सन् 1937 में कांग्रेस कार्यसमिति ने वंदे मातरम को राष्ट्रगान का दर्जा दिए जाने की पात्रता की समीक्षा के लिए मौलाना अब्दुल कलाम आजाद, पंडित जवाहरलाल नेहरू, सुभाष चंद्र बोस और आचार्य नरेंद्र देव की एक उप-समिति गठित की। समिति को रवींद्रनाथ टैगोर का मार्गदर्शन लेना था। उसी वर्ष कांग्रेस कार्यसमिति ने आदेश दिया कि इसके केवल पहले दो पद ही गाए जाएं। सन् 1938 में हरिपुर कांग्रेस अधिवेशन में पहली बार वंदे मातरम के केवल पहले दो पद ही गाए गए।

इसे पहली बार 27 दिसंबर, 1911 को भारतीय राष्ट्रीय कांग्रेस द्वारा आयोजित कोलकाता अधिवेशन के दूसरे दिन रवींद्रनाथ टैगोर ने हिंदी और बांग्ला दोनों भाषाओं में गाया था।

सन् 1915 के बाद से भारतीय राष्ट्रीय कांग्रेस के प्रत्येक अधिवेशन की शुरुआत वंदे मातरम के गायन से करने की परंपरा बन गई।

कैम्ब्रिज हिस्ट्री ऑफ इंडिया नामक पुस्तक में वंदे मातरम को “स्वदेशी आंदोलन का सबसे महान और सबसे स्थायी उपहार” बताता है। बी.एन. पांडे अपनी पुस्तक “ए बुक ऑफ इंडिया” में लिखते हैं- “वंदे मातरम शीघ्र ही पूरे भारत में राष्ट्रवादी आंदोलन का प्रतीक बन गया।”

❒

अध्याय-11

लोकप्रियता के माध्यम

वंदे मातरम प्रकाशित होते ही लोकप्रियता के शिखर पर विराजमान हो गया। तत्कालीन समय में जितने भी लोकप्रियता के माध्यम हो सकते थे उन सभी माध्यमों में वंदे मातरम ने अपनी उपस्थिति दर्ज कराई।

समाचार पत्र : वंदे मातरम

अगस्त 1906 में, बिपिन चंद्र पाल के संपादन में 'वंदे मातरम' नाम का एक अंग्रेजी दैनिक शुरू हुआ। इस दैनिक समाचार पत्र के संयुक्त संपादक के रूप में श्री अरबिंदो ने कार्य करना शुरू किया। इसका पहला अंक 6 अगस्त, 1906 को प्रकाशित हुआ था। यह कोलकाता के पाल प्रिंटिंग प्रेस में छपा था। निर्भीकता से राष्ट्रवाद का उपदेश देते हुए, युवा भारतीयों को औपनिवेशिक अधीनता से ऊपर उठने के लिए प्रेरित करते हुए, दैनिक वंदे मातरम ने राष्ट्रवादी विचारों को अभिव्यक्त करने और जनमत को संगठित करने के लिए एक प्रमुख मंच के रूप में कार्य किया।

पेरिस से प्रकाशित

वंदे मातरम, पेरिस इंडियन सोसाइटी द्वारा सितंबर 1909 में पेरिस से शुरू किया गया एक भारतीय राष्ट्रवादी प्रकाशन था। मैडम भीकाजी कामा द्वारा स्थापित इस अखबार का उद्देश्य, बाद में प्रकाशित तलवार के साथ, भारत में राष्ट्रवादी अशांति भड़काना और ब्रिटिश भारतीय सेना के सिपाहियों की निष्ठा को प्रभावित करना था। इसकी स्थापना बंकिम चटर्जी की राष्ट्रवादी कविता वंदे मातरम पर ब्रिटिश प्रतिबंध के जवाब में की गई थी और उसने श्री अरविंदो द्वारा संपादित और कलकत्ता से प्रकाशित पत्रिका वंदे मातरम और श्यामजी कृष्ण वर्मा द्वारा पहले लंदन से प्रकाशित द इंडियन सोशियोलॉजिस्ट के संदेश को जारी रखा।

बंग दर्शन

बंकिमचंद्र चटर्जी द्वारा रचित 'वंदे मातरम' पहली बार साहित्यिक पत्रिका बंग दर्शन में 7 नवंबर, 1875 को प्रकाशित हुआ था।

पुस्तकें

आर्य प्रिंटिंग प्रेस लाहौर और भारतीय प्रेस देहरादून से सन् 1929 में प्रकाशित काकोरी के शहीद पंडित राम प्रसाद 'बिस्मिल' की प्रतिबंधित पुस्तक "क्रान्ति गीतांजलि" में पहला गीत "मातृ-वंदना" वंदे मातरम ही था। जिसमें उन्होंने केवल इस गीत के दो ही पद दिए थे। उसके बाद इस गीत की प्रस्तुति में 'वन्दे मातरम' शीर्षक से एक स्वरचित उर्दू गजल दी थी जो उस कालखंड के असंख्य अनाम हुतात्माओं की आवाज को अभिव्यक्ति देती है। ब्रिटिश काल में प्रतिबन्धित यह पुस्तक अब सम्पादित होकर पुस्तकालयों में उपलब्ध है।

महर्षि अरविंद ने अपनी रचना "महायोगी" में उल्लेख किया है कि- "वंदे मातरम राष्ट्रवाद की अभिव्यक्ति था। यह शीघ्र ही पूरे भारत में फैल गया और लाखों लोगों की ज़ुबान पर चढ़ गया।"

प्रभात फेरी

प्रभात फेरी सूर्योदय के समय ही आयोजित होती थी। इंसान कितनी भी गहरी नींद में क्यों न हो "वंदे मातरम" का उदघोष सुनकर आंख खुल जाया करती थी। प्रभात फेरियां जब सैंकड़ों लोगों की आवाज में "वंदे मातरम" का उदघोष होता तो उसकी गूंज दूर-दूर तक सुनाई देती थी। सुनने वाले का रक्त संचार बढ़ जाता था। देश की स्वतंत्रता के लिए अपना सब कुछ न्योछावर करने के लिए हर हिंदुस्तानी मचल उठता था। सोते हुए बच्चे जागकर अपने दरवाजे पर, खिड़की से, बालकनी से, छत से, छज्जे से, यानी सभी तरह की जुगत लगा कर प्रभात फेरी देखने के लिए आतुर रहते थे। वह भी पूरा ज़ोर लगा कर ऊंची आवाज में कहते- "वंदे मातरम"। प्रभात फेरी में सम्मिलित होना और "वंदे मातरम" का जयकारा लगाना गौरव की बात मानी जाती थी। नौजवान हो या अधेड़, किशोर हो या वृद्ध सभी यह कोशिश करते थे कि उनके मोहल्ले, उनके शहर और आसपास के इलाकों में आयोजित होने वाली सभी प्रभात फेरियों में शामिल होने की कोशिश करते थे। सम्मिलित होना प्रतिष्ठा का विषय था। एक-दूसरे को जगाने का नियम बिना कहे ही बन गया था।

रवींद्रनाथ टैगोर भी कभी-कभी संप्रदाय की प्रभात फेरी में शामिल होते थे। 20 मई 1906 को, बारीसाल (अब बांग्लादेश में) में, एक अभूतपूर्व वंदे मातरम जुलूस निकला।

इसमें दस हजार से अधिक प्रतिभागियों, हिंदू और मुस्लिम दोनों ने वंदे मातरम झंडे लेकर शहर की मुख्य सड़कों पर मार्च किया।

नारे

गीत और नारे दोनों के रूप में वंदे मातरम के बढ़ते प्रभाव से चिंतित होकर, ब्रिटिश प्रशासन ने इसके प्रसार को रोकने के लिए कड़े कदम उठाए। नवगठित पूर्वी बंगाल प्रांत की सरकार ने स्कूलों और कॉलेजों में वंदे मातरम के गायन या कीर्तन पर प्रतिबंध लगाने वाले परिपत्र जारी किए। शैक्षणिक संस्थानों की मान्यता रद्द करने की चेतावनी दी गई और राजनीतिक आंदोलन में भाग लेने वाले छात्रों को सरकारी सेवा से वंचित करने की धमकी दी गई।

नवंबर 1906 में महाराष्ट्र के धुलिया नगर में आयोजित एक विशाल जनसभा में वंदे मातरम के नारे लगाए गए। सन् 1908 में कर्नाटक के बेलगाम शहर में लोकमान्य तिलक को बर्मा के मांडले निर्वासित किया जा रहा था। उसके विरोध में अनेक युवाओं पर पुलिस ने लाठीचार्ज किया अनेक युवाओं और लोगों को वंदे मातरम का नारा लगाने के लिए गिरफ्तार किया। मौखिक आदेश में ऐसा करने पर रोक थी।

मई 1907 में लाहौर में युवा प्रदर्शनकारियों के एक समूह ने औपनिवेशिक आदेशों की अवहेलना करते हुए रावलपिंडी में स्वदेशी नेताओं की गिरफ्तारी की निंदा करने के लिए वंदे मातरम का नारा लगाया। इस प्रदर्शन का क्रूर पुलिस दमन किया गया, फिर भी युवाओं द्वारा निडर होकर नारे लगाना देश भर में फैल रहे प्रतिरोध की बढ़ती भावना को दर्शाता था।

27 फरवरी, 1908 को तमिलनाडु के तूतीकोरिन नगर में स्थित कोरल मिल्स के लगभग एक हजार मजदूर स्वदेशी स्टीम नेविगेशन कंपनी के साथ एकजुटता और अधिकारियों की दमनकारी कार्रवाइयों के खिलाफ हड़ताल पर चले गए। वह देर रात तक सड़कों पर मार्च करते रहे और विरोध और देशभक्ति के प्रतीक के रूप में वंदे मातरम का नारा लगाते रहे।

बंबई अदालत में लोकमान्य तिलक के मुकदमे की सुनवाई के समय अदालत के बाहर सैंकड़ों लोग इकट्ठा हुए और एकजुटता का एक शक्तिशाली प्रदर्शन करते हुए वंदे मातरम गाया। 21 जून, 1914 को लोकमान्य तिलक की रिहाई के बाद पुणे में उनका का भव्य स्वागत किया गया। वहां एकत्रित सैंकड़ों की संख्या में मौजूद लोगों ने एकसाथ वंदे मातरम का नारा लगाया।

जुलूस

अक्टूबर 1912 में गोपाल कृष्ण गोखले दक्षिण अफ्रीका के केपटाउन पहुंचे। उनके स्वागत में मौजूद लोगों ने 'वंदे मातरम' का जयघोष किया। एक भव्य जुलूस निकाला गया और जुलूस में वंदे मातरम का जयघोष होता रहा।

सन् 1905 में कलकत्ता में कुमार मनमंथ नाथ राय की अध्यक्षता में "वंदे मातरम संप्रदाय की स्थापना की गई। इस संप्रदाय के लोग प्रत्येक रविवार को वंदे मातरम गाते हुए कलकत्ता की सड़कों पर जुलूस निकालते और आंदोलन की सफलता के लिए चंदा एकत्रित करते थे। एक जुलूस में रवीन्द्रनाथ ठाकुर भी सम्मिलित हुए।

14 अप्रैल, 1906 को वंदे मातरम के गायन के कारण कलकत्ता में देशभक्तों के एक जुलूस पर लाठीचार्ज किया गया। महर्षि अरविंद उस जुलूस में शामिल थे। वह पुलिस के लाठीचार्ज में घायल हो गए। महर्षि ने वंदे मातरम गीत का अंग्रेजी में अनुवाद किया।

मई 1907 में लाहौर में युवा प्रदर्शनकारियों के एक समूह ने औपनिवेशिक आदेशों की अवहेलना करते हुए जुलूस निकाला और रावलपिंडी में स्वदेशी नेताओं की गिरफ्तारी की निंदा करने के लिए वंदे मातरम का नारा लगाया। इस प्रदर्शन को पुलिस के क्रूर दमन का सामना करना पड़ा।

प्रचार-प्रसार

स्वतंत्रता सेनानी विवेक चंद्र पाल ने अपने आंध्र प्रदेश प्रवास के समय वंदे मातरम गीत का प्रचार-प्रसार किया। तमिल कवि सुब्रमण्यम भारती ने इस गीत की पृष्ठभूमि पर एक और वंदे मातरम लिखा।

जुर्माना

नवंबर 1905 में, बंगाल के रंग पुर के एक स्कूल के 200 छात्रों में से प्रत्येक पर 5 रुपये का जुर्माना लगाया गया, क्योंकि वह वंदे मातरम का जाप करने के दोषी थे। इसके बाद ब्रिटिश हुक्मरानों ने कई स्कूलों में वंदे मातरम गाने पर पाबंदी लगा दी थी। इतना ही नहीं शैक्षणिक संस्थानों को मान्यता रद्द करने की धमकी तक दे दी थी। उस समय छात्रों ने कक्षाएं छोड़ दीं। जुलूस निकाले और पर यह गीत गाना नहीं छोड़ा। कई जगहों पर तो पुलिस ने छात्रों को पीटा और जेल में डाल दिया। इसके साथ-साथ रंग पुर में विभाजन-विरोधी कार्य करने पर पाबंदी लगा दी गई।

जन सभाएं

जब सन् 1907 में इंग्लैंड 1857 के पहले भारतीय स्वाधीनता संग्राम को कुचलने का

जश्न मना रहा था। अपने अंग्रेज सैनिक अधिकारियों को सम्मानित कर, तब उन्होंने 10 मई, 1908 को इंडिया हाउस में भारत के विद्रोही सैनिकों के सम्मान में एक बड़ा कार्यक्रम किया। जिसमें सावरकर के साथ सक्रिय रूप से सैकड़ों भारतीय छात्र शामिल थे, जिनमें मदनलाल ढींगरा, हरनाम सिंह, रफीक मुहम्मद खां और ज्ञानचंद वर्मा भी थे। उस आयोजन में ज्ञानचंद ने 'वंदे मातरम' गाया और रफीक अहमद खां ने वीर कुंवर सिंह पर भाषण दिया। सावरकर ने सभी प्रतिभागियों के लिए 'वंदे मातरम' बैज बनवाया, जिस पर 'वंदे मातरम' वाला तिरंगा ध्वज मुद्रित था।

20 जुलाई, 1905 को बंग-भंग की घोषणा के बाद 7 अगस्त, 1905 की शाम को कलकत्ता के टाउन हॉल में एक विशाल सभा का आयोजन हुआ। इस सभा में "वंदे मातरम" के जयघोष के साथ विदेशी वस्तुओं के बहिष्कार की घोषणा हुई।

उत्कीर्ण

लोकमान्य बाल गंगाधर तिलक को वन्दे मातरम् में इतनी श्रद्धा थी की शिवाजी की समाधि के तोरण पर उन्होंने इसे उत्कीर्ण करवाया था। सन् 1901 में कलकत्ता में हुए एक अन्य अधिवेशन में श्री चरणदास ने यह गीत पुनः गाया।

तिरंगा

ऐतिहासिक पृष्ठभूमि: वंदे मातरम के महत्व को समझने के लिए, इसके ऐतिहासिक उद्गम की पड़ताल करना आवश्यक है, जो साहित्य, राष्ट्रवाद और भारत के स्वतंत्रता संग्राम को जोड़ता है। इस भजन का एक काव्य रचना से राष्ट्रीय गीत के रूप में विकास, औपनिवेशिक प्रभुत्व के विरुद्ध भारत के सामूहिक जागरण का प्रतीक है।

7 अगस्त, 1906 को कलकत्ता के पारसी बागान चौक में पहली बार राष्ट्रीय ध्वजारोहण हुआ। ध्वज पर अंकित था- "वंदे मातरम"।

सन् 1907 में मैडम भीकाजी कामा ने बर्लिन के स्टटगार्ट में भारत के बाहर पहली बार तिरंगा झंडा फहराया। उस झंडे पर "वंदे मातरम" लिखा था।

रेडियो प्रसारण

नेता जी सुभाष चंद्र बोस ने वंदे मातरम को अपनी आज़ाद हिंद फौज का गीत बनाया था और उनके सिंगापुर रेडियो स्टेशन से इसका नियमित प्रसारण होता था।

ग्रामोफोन रिकॉर्ड

ग्रामोफोन के रेकॉर्ड्स का युग आया। ग्रामोफोन के रेकॉर्ड्स ने इस गीत की धुन को देश और दुनिया के कोने-कोने तक पहुंचाया। यह सबसे बड़ी उपलब्धि थी। नारायण

चन्द्र मुखर्जी, सत्य भूषण गुप्ता और आर एन मुखर्जी की आवाज में 'वंदे मातरम' गीत के रेकॉर्ड्स बनाए गए। यह रिकॉर्ड देश और दुनिया के लोगों को उपलब्ध होने लगे थे।

स्वदेशी आंदोलन

स्वदेशी और विभाजन-विरोधी आंदोलनों के दौरान शुरू में लोकप्रिय हुआ। यह जल्द ही क्षेत्रीय बाधाओं को पार कर राष्ट्रीय जागरण का गान बन गया। बंगाल की गलियों से लेकर बंबई के मध्य और पंजाब के मैदानों तक "वंदे मातरम" का नारा औपनिवेशिक शासन के विरुद्ध प्रतिरोध के प्रतीक के रूप में गूंजता रहा।

लयबद्ध

वंदे मातरम गीत को जन-जन तक पहुंचाने में बंगाल के रविंद्र नाथ ठाकुर और बंगाल के ही यदु भट्ट ने महत्वपूर्ण भूमिका निभाई। यदु भट्ट ने 'वंदे मातरम' गीत को राग मल्हार में स्वरबद्ध किया। उन्होंने ही इसे कव्वाली की तर्ज पर गा कर एक नई पहचान दी। ऐसा कहा जाता है कि यदु भट्ट की धुन रवीन्द्रनाथ ठाकुर जी को पसंद नहीं आई। उनका मानना था कि इन धुनों से गीत मर्म सुस्पष्ट नहीं है। अतः रविन्द्र नाथ जी ने वंदे मातरम गीत को एक नई धुन में गाया। कहते हैं कि रविन्द्र नाथ जी की धुन बंकिमचंद्र जी को भी अच्छी लगी। रविन्द्र नाथ जी ने अपनी बनाई धुन में ही वंदे मातरम गीत को सन् 1898 में कांग्रेस के कलकत्ता अधिवेशन में प्रस्तुत किया।

गायन

इसके गायन को दबाने के ब्रिटिश प्रयासों ने इसके देशभक्तिपूर्ण महत्व को और बढ़ा दिया और इसे जाति, पंथ और भाषा के पार लोगों को एकजुट करने वाली एक नैतिक शक्ति में बदल दिया। नेताओं, छात्रों और क्रांतिकारियों ने इसके छंदों से प्रेरणा ली और राजनीतिक सभाओं, प्रदर्शनों और कारावास से पहले इसे गाया।

इस रचना ने न केवल विद्रोह की भावना को प्रेरित किया, बल्कि आंदोलन में सांस्कृतिक गौरव और आध्यात्मिक उत्साह का संचार भी किया। उसने भारत की स्वतंत्रता के मार्ग के लिए भावनात्मक आधार तैयार किया।

फांसी

क्रांतिकारी फांसी के फंदे पर चढ़ते समय भी इस मंत्र का उच्चारण करते थे। जिससे यह उनके लिए एक प्रेरक नारा बन गया। 17 अगस्त, 1909 को जब मदन लाल ढींगरा को इंग्लैंड में फांसी दी गई, तो फांसी पर चढ़ने से पहले उनके अंतिम शब्द "वंदे मातरम"थे।

भगत सिंह, सुखदेव, राजगुरु, राम प्रसाद बिस्मिल और अशफ़ाक़ उल्ला ख़ान आदि अनेक क्रांतिकारी वंदे-मातरम गाते हुए फांसी के फंदों पर झूल गए थे।

इतना ही नहीं बल्कि अंग्रेजों की गोली का शिकार बनकर दम तोड़ने वाली आजादी की दीवानी मातंगिनी हाजरा की ज़ुबान पर आखिरी शब्द "वंदे मातरम" ही थे।

लोकगीत

ऐसी स्थिति में सारे देश में आज़ादी की लहर कैसे उठी, कौन सी शक्ति ज़ादी के उस ज़ज़्बे के भीतर छिपी थी- हम समझ सकते हैं। वह शक्ति थी, लोकगीतों की शक्ति।

वे बुंदेले हरबोले कौन थे जिनके मुंह से सुभद्रा कुमारी चौहान ने आज़ादी की पहली लड़ाई की कहानी सुनी थी। वे कहती हैं-
बुंदेले हरबोलों के मुंह हमने सुनी कहानी थी।
खूब लड़ी मरदानी वह तो झांसी वाली रानी थी॥

इस बात से कतई इंकार नहीं किया जा सकता कि आज़ादी की लड़ाई में हमारे लोकगीतकारों ने बहुत बड़ी भूमिका निभाई थी। और उन लोकगीतों को आज़ादी के परवानों ने गा गा कर देश की जनता तक पहुंचाया। उन्नीसवीं तथा बीसवीं शताब्दी में आज़ादी की मशाल इन्हीं लोकगीतकारों के हाथों में रही।

उत्तरी भारत की बात करें तो अजीत सिंह, नन्दलाल नूरपुरी व रामप्रसाद बिस्मिल जैसे नाम जेहन में उभर आते हैं।

पगड़ी संभाल

जट्टा उड़ी चली जाए ओए, लूट लेया माल तेरा हाल बेहाल ओए, भला इस लोक गीत को कौन भूल सकता है। इस गीत ने पंजाब के किसानों को बड़ी आसानी से यह बात बता दी कि अंग्रेज सरकार उसका भयंकर शोषण कर रही है।

ऐसा ही एक लोक गीत था नूरपुरी का- ऐथों उड़ जा भोल्या पंछिया- इस गीत ने भी शोषण के शिकार किसानों को अंग्रेजों के खिलाफ लामबंद किया।

इसी तरह एक और लोक गीत मेरा रंग दे बसंती चोला माए रंग दे... पंजाब में बहुत लोकप्रिय हुआ। यह सरदार भगत सिंह का भी प्रिय लोकगीत था।

सरदार भगत सिंह

अब बात करें राम प्रसाद बिस्मिल के लोकगीत की

सरफरोशी की तमन्ना अब हमारे दिल में है देखना है ज़ोर कितना बाज़ुए कातिल में है यह लोक गीत भी जन सामान्य को आज़ादी की लड़ाई से जोडने में बहुत कामयाब रहा। बाजिदअली शाह, घाली व बहादुरशाह ज़फर आदि की उर्दू गज़लों व शायरी ने भी इस लड़ाई को मुकाम तक पहुंचाने में कसर न छोड़ी।

उधर बंगाल में यंग इंडिया आंदोलन के कवि माइकेल मधुसूदन दत्त तथा गुजराती कवि दलपत राम ने भी अपने लोकगीतों से स्वतंत्रता संग्राम में योगदान दिया।

वंदे मातरम के द्वारा बंकिमचंद्र चटर्जी व जन गण मन अधिनायक जय हे द्वारा गुरुदेव रबीन्द्रनाथ टैगोर ने भी बंगाल में स्वाधीनता की चेतना फैलाई। काजी नजरूल इस्लाम के लोकगीतों को भी इस अवसर पर भुलाया नहीं जा सकता।

मराठी लोकगीत कार सागर प्रण तलमल्ता या फिर सुब्रहमण्यम भारती के लोक गीतों ने भी आज़ादी का संदेश जन जन तक पहुंचाया। इसी तरह कालिंदी चरण पाणिग्रही ने उड़ीसा में, लक्ष्मी राम बरुआ, पद्मधर चालिहा कमलाकांत भट्टाचार्य व अंबिकाराय चौधरी ने असम में अपने लोकगीतों से आज़ादी की अलख जगाई। और डॉ. मोहम्मद इकबाल के लोकगीत सारे जहां से अच्छा हिन्दोस्तां हमारा को कौन भुला सकता है।

बृजनारायण चकबस्त के सुबहे वतन में भी एक से बढ़ कर एक लोकगीत संकलित हैं जिन्होने आम आदमी को आज़ादी के लिए उकसाया। उर्दू के लोकगीतकारों में ऐसे नाम हैं- अल्ताफ हुसैन हाली, आगा हज्जू, बर्क लखनवी तथा मुनीर शिकोहाबादी।

सामाजिक आर्थिक नजरिये से आज़ादी की लड़ाई में शरीक होने वाले लोकगीत कार थे- हसरत मोहनी, फैज़ अहमद फैज़, कैफी आज़मी, हंसराज रहबर, और अली सरदार जाफरी।

हिन्दी में भारतेंदु हरिश्चन्द्र का लोकगीत "आवहु रोवहु सब मिलि भारत भाई, भारत दुर्दशा देखि न जाई। इसी क्रम की अगली कड़ी है। मैथिलीशरण गुप्त, रामधारी सिंह दिनकर बालकृष्ण शर्मा नवीन, हरिवंश राय बच्चन तथा सुभद्रा कुमारी चौहान इसी शृंखला की नवीनतम कड़ियां हैं।

उर्चिन का लोक गीत "टोडी टोडी बच्चे रे तेरी ऐसी की तैसी ने भी आज़ादी की भावना को सड़क पर ला दिया।

भारत के बिहार उत्तरप्रदेश झारखंड आदि उत्तरी भागों के लोक साहित्य मे सामाजिक चेतना स्पष्ट दिखाई पड़ने लगी थी। इस भूभाग में प्रचलित लोकगीतों की एक प्रमुख शैली कजरी का ही उदाहरण लें। भारतेंदु युग तक भी कजरी मे शृंगार और प्रेम का सुंदर संयोग मौजूद था। प्रेमघन जी की एक कजरी का उदाहरण प्रस्तुत है-

रामोरी चदरिया भीजी जाय।

बदरी नारायण चौधरी "प्रेमधन"

रिमझिम बरसे रे बदरिया, मोरी चदरिया भीजी जाय।
कहां जाय अब हाय बचौं में दइ्या जिय घबराय।
लै छाता तर छाती से लगि प्रीति रीति सरसाय।
पिया पेमघन पड़यां लागौं बेगि बचावो आय।

यही कजरी लगातार बढ़ते सामाजिक असंतोष और जीवन संघर्ष के बीच कैसे अपने स्वरूप मे परिवर्तन करती है- भारतेंदु जी द्वारा रचित एक उदाहरण दर्शनीय है-

टूटै सोमनाथ के मंदिर केहू लागै न गोहर बार।
दौरो दौरो हिंदू हो सब गौरा करे पुकार।
की केहू हिंदू के जनमल नाहीं की अरि मैलों छार।
की सब आरज धरम तजि दिहलें भेलें तुरुक सब इक।
केहू लगल गोहार न, गौरा रोवै बार बिजार।
अब जग हिंदू केहू नाहीं झूठे नामै के बेवहार।

तो इस तरह हम देखते हैं कि लोकगीत स्वतंत्रता संग्राम के दौर में बहुत शक्तिशाली हथियार साबित हुए। लोक गीतों ने आम जनता की मानसिकता बदली, उसे आज़ादी की दिशा में मोडा।

लेकिन सबसे बड़ा जो योगदान लोकगीतों ने स्वतंत्रता संग्राम में दिया, वह थी राष्ट्रीय

एकता की भावना, जिसने प्रांत, भाषा, जाति संप्रदाय से ऊपर उठ कर सभी को एक सूत्र में जोड़ा।

भारतेंदु मंडल के रचनाकार प्रताप नारायण मिश्र ने आंचलिक भाषा मे जो काव्य लिखा उसमे तत्कालीन सामाजिक उथल पुथल और असंतोष पर उनकी तीखी नजर रहती थी। "होली" नामक लोकगीत शैली का एक उदाहरण देखिए-

प्रतापनारायण मिश्र

जुरि आए फाकिन मस्त होली होय रही।
आधुनिक हिंदी के जनक भारतेंदु हरिश्चंद्र
घर मे पूंजी भांग नहीं है तो भी न हिम्मत पस्त। होली होय रही...
महंगी परी न पानी बरसा बजरौ नाही सस्त।
धन सब गवा अकिल नहि आई तोभी मंगल कस्त। होली होय रही...
परबस कायर क्रूर आलसी अंधे पेट परस्त।
सूझत कुछ न बसंत माहि ये भए खराब औ खस्त। होली होय रही...

होली विधा के लोकगीतों पर तत्कालीन शोषण का प्रभाव भारतेंदु मंडल के एक अन्य कवि प्रेमधन जी ने भी देखा था। वह लिखते हैं-

महंगी टिक्कस के मारे सगरी वस्तु अमोली है।
कौन भांति त्यौहार मनैवे कैसे कहिये होली है।
भूखों मरत किसान तहूं पर कर हित डपट न थोरी है।
गारी देत दुष्ट चपरासी तकति बिचारी छोरी है।
पर्यो झोपरी मांहि छुधित नित, रोवत छोरा छोरी है।
ज्यों ज्यों करि काटत दुख जीवन सूझति तोरी होरी है।

ज्या ज्या कार

"आल्हा शैली" मे भी आल्हा ऊदल के रोमांचक युद्धों की जगह तत्कालीन सामाजिक विषमता ने ले ली। पंडित बालकृष्ण भट्ट द्वारा अपने पत्र "प्रदीप" मे (सन 1870 से 1910 के बीच) दिया गया आल्हा का एक उदाहरण दृष्टव्य है

संवत उनइस सौ तिरपन मां, पड़ा हिंद मे महा अकाल।
घर घर फाके होवन लागे, दर दर प्रानी फिरैं बिहाल।
गेहूं, चावल सांवां मकरा, सबै अन्न एक भाव बिकाय।

बिन पैसा सब छाती पीटें अब तो हाय रहा नहिं जाय।
कोई पात पेड़न के चाबै, कोइ माटी कोइ घास चबाय।
कोई बेटवा बिटिया बेचें, अब तो भूख सही नहिं जाय।
कोई घर घर भीखौ मांगें, कोई लूट पाट के खांय।
बहुत लोग जो अन्न देत हैं, राम निहोरे करें सवाय।
बहुत लोग देते हैं फांसी, अरु मलिका से चहैं खिताब।
सी एस आइ के एस आइ, रायबहादुर केर खिताब।

तो पुराने आल्हा मे जहां।। खन खन खन खन तेगा बरसैं, जिन की मार सही ना जाय... केवल वीर रस की प्रधानता ही दिखाई पड़ती थी, नए आल्हा मे सामाजिक व राजनीतिक चेतना अब स्पष्ट दिखाई पड़ने लगी थी।

अंग्रेजी सरकार का शोषण व दमन चक्र चरम पर था। एक तो वैसे ही ऊंचे टैक्स के कारण किसान का जीना मुहाल था उस पर सरकारी कर्मचारियों व पुलिस का अपमानजनक बर्ताव भी सहना पड़ता था। ऐसे विषम माहौल मे लोकगीतों के विषय भी शृंगार, प्रेम, हास्य और उल्लास से हट कर तात्कालिक परिस्थितियों पर ही केंद्रित हो गए। गीतों मे एक ही पीड़ा झलकती थी कि ऐसी घोर गरीबी मे, जबकि घर में भुनी हुई भांग तक नहीं है, बाजरा जैसा निकृष्ट अनाज भी नहीं है- होली कैसे मनाएं?

पं. बालकृष्ण भट्ट

लोकगीतों को संदेश वाहक बना कर तत्कालीन साहित्यकारों ने समाज की मूलभूत समस्या अर्थात ब्रिटिश राज के औपनिवेशिक लूटतंत्र का न केवल पर्दाफाश किया बल्कि एक जागरूक और जिम्मेदार नागरिक का कर्तव्य भी निभाया।

लोकगीतों मे सुभद्रा कुमारी चौहान जैसी वीर रस की कवयित्रियों का जहां महत्वपूर्ण योगदान रहा है वहीं भारतेंदु युगीन हिंदी साहित्य मे भी लोकगीत अपनी पारंपरिक भूमिका को नए परिवेश मे निर्धारित करते हुए प्रतीत होते हैं। यही काव्य चेतना अंत मे जन चेतना बन कर सन सत्तावन के पहले स्वाधीनता संग्राम मे परिलक्षित होती है।

❏

अध्याय-12

राष्ट्रगीत

राष्ट्रगीत और राष्ट्रगान को लेकर अधिकांश लोगों में भ्रम बना रहता है। सन् 1997 में आजादी की पचासवीं वर्षगांठ पर दूरदर्शन पर प्रसारित वृत्तचित्र- वंदे मातरम : एक गीत जो मंत्र बन गया, के निर्माण के समय मैंने युवाओं, महिलाओं, पुरुषों और विद्यार्थियों से एक प्रश्न पूछा था कि राष्ट्रगीत और राष्ट्रगान में क्या अंतर होता है? मुझे केवल पंद्रह प्रतिशत लोगों ने सही उत्तर दिया था।

राष्ट्रगान

राष्ट्रगान औपचारिक और सरकारी कार्यक्रमों में अनिवार्य होता है। राष्ट्रगान के समय सभी लोगों को सावधान की मुद्रा में खड़े होना अनिवार्य है। इसके लिए एक निश्चित शिष्टाचार या आचार-संहिता यानी प्रोटोकॉल होता है। सावधान खड़े होना, 52 सेकंड में गाना अनिवार्य है। यह देश की संप्रभुता का प्रतीक है। हमारा राष्ट्रगान है- "जन गण मन अधिनायक जय हे..." भारत के संविधान के अनुच्छेद 51ए के अनुसार, राष्ट्रगान का सम्मान करना भारत के नागरिक के मौलिक कर्तव्यों में से एक है। भारत की संसद चुनिंदा अवसरों पर राष्ट्रगान गाना अनिवार्य करने के अपने अधिकार का प्रयोग कर सकती है और उसने ऐसा किया भी है। राष्ट्रगान लगभग 52 सेकंड में गाया जाता है।

राष्ट्रगान किसी भी देश के इतिहास और संस्कृति को दर्शाता है। राष्ट्रगान का एक विशेष उच्चारण, विशिष्ट धुन और निर्धारित समय होता है जिसका पालन इसे गाने वालों को करना चाहिए। राष्ट्रगान एक संगीतमय रचना है, जो कभी-कभी देशभक्तिपूर्ण प्रकृति की होती है और किसी देश के इतिहास, परंपरा और संघर्षों को परिभाषित करती है। इसे या तो राष्ट्र की सरकार द्वारा या जनता द्वारा पारंपरिक उपयोग के माध्यम से मान्यता दी जाती है और अपनाया जाता है।

राष्ट्रगीत

राष्ट्रगीत सांस्कृतिक व ऐतिहासिक महत्व रखता है। यह भावनात्मक जुड़ाव दर्शाता

है। इसके लिए राष्ट्रगान जैसी आचार-संहिता या शिष्टाचार यानी प्रोटोकॉल नहीं हैं। यह भी देशभक्ति जगाता है। हमारा राष्ट्रगीत है- “वंदे मातरम…” राष्ट्रीय गीत को संवैधानिक विशेषाधिकार प्राप्त नहीं हैं। जिनके तहत इसका सम्मान करना भारत के नागरिक का मौलिक कर्तव्य माना जाता हो। राष्ट्रगान के समान ही राष्ट्रीय गीत को भी सम्मान दिया जाता है, लेकिन किसी भी अवसर पर इसे गाना अनिवार्य नहीं है। राष्ट्रगीत गाने में लगभग 65-66 सेकंड लगते हैं।

किसी देश की आबादी कई अलग-अलग कारकों के कारण राष्ट्रीय गीत से दृढ़ता से जुड़ाव महसूस करती है। भाषा और अन्य सांस्कृतिक कारकों के आधार पर राष्ट्रीय गीत के विभिन्न रूप हो सकते हैं।

सन् 1905 से सन् 1947 तक भारत की आजादी के आंदोलन से जुड़े अनेक नेताओं ने इसे राष्ट्रीय गीत या राष्ट्रगान का दर्जा देने की वकालत की थी। बाल गंगाधर तिलक इसके बड़े समर्थक थे। उन्होंने इसे ‘राष्ट्रीय प्रार्थना’ कहा था। अरविंद घोष ने इसे ‘मंत्र’ बताया जो भारतीय आत्मा को जगाता है। रवींद्रनाथ टैगोर ने ‘जन गण मन’ लिखा था, लेकिन वह ‘वंदे मातरम’ के प्रति गहरा सम्मान रखते थे। महात्मा गांधी ने भी इसे ‘राष्ट्रीय गीत’ कहा और हर सभा में गाने की परंपरा रखी। नेताजी सुभाष चंद्र बोस ने आजाद हिंद फौज के शिविरों में ‘वंदे मातरम’ को सैन्य सलामी के रूप में अपनाया। स्वतंत्रता संग्राम के हर चरण में यह गीत नारे की तरह गूंजा। ‘वंदे मातरम’ बोलने पर क्रांतिकारियों को जेल या फांसी तक दी गई। भगत सिंह, लाला लाजपत राय और बिपिन चंद्र पाल सभी इस गीत से भावनात्मक रूप से जुड़े थे। अर्थात यह सभी देशभक्त चाहते थे कि वंदे मातरम राष्ट्रीय गौरव बने।

वंदे मातरम की कुछ पंक्तियां हिंदू देवी-देवताओं से प्रेरित हैं। मौलाना अबुल कलाम आजाद जैसे मुस्लिम प्रतिनिधियों ने इसे धार्मिक भावना से जुड़ा बताकर विरोध किया। इसलिए समझौता हुआ कि ‘जन गण मन’ को राष्ट्रगान और ‘वंदे मातरम’ को राष्ट्र गीत घोषित किया जाए। यह निर्णय 24 जनवरी 1950 को संविधान सभा ने सर्वसम्मति से लिया।

राष्ट्रगान के चयन के समय ‘वंदे मातरम’ और ‘जन गण मन’ दो ही रचनाओं पर विचार किया गया। इसका कारण यह था कि मुसलमानों के एक वर्ग को “वंदे मातरम” गाने पर आपत्ति थी क्योंकि इस गीत में देवी दुर्गा को राष्ट्र के रूप में देखा गया है। इसके अतिरिक्त उनका यह भी मानना था कि यह गीत जिस आनन्द मठ उपन्यास से लिया गया है वह मुसलमानों के खिलाफ लिखा गया है।

इन आपत्तियों पर सन् 1937 में कांग्रेस के सभी प्रमुख नेताओं ने इस विवाद पर गहन चिंतन किया। चिंतन-मनन के उपरांत पंडित जवाहरलाल नेहरू की अध्यक्षता में एक समिति का गठन किया गया जिसमें मौलाना अबुल कलाम आजाद भी शामिल थे। समिति ने पाया कि इस गीत के शुरुआती दो पद तो मातृभूमि की प्रशंसा में कहे गये हैं, लेकिन बाद के पदों में हिन्दू देवी-देवताओं का जिक्र होने लगता है। इसलिए यह निर्णय लिया गया कि इस गीत के शुरुआती दो पदों को ही राष्ट्र-गीत के रूप में प्रयुक्त किया जायेगा। इस तरह गुरुदेव रवीन्द्रनाथ ठाकुर के 'जन-गण-मन अधिनायक जय हे को' यथावत राष्ट्रगान ही रहने दिया गया और मोहम्मद इकबाल के कौमी तराने 'सारे जहाँ से अच्छा' के साथ बंकिमचंद्र चटर्जी द्वारा रचित प्रारम्भिक दो पदों का गीत वन्दे मातरम् राष्ट्रगीत स्वीकृत हुआ।

राष्ट्रीय सम्मान

संविधान सभा में 'जन गण मन'और 'वंदे मातरम' दोनों को राष्ट्रीय प्रतीकों के रूप में अपनाने पर पूर्ण सहमति हुई। इस विषय पर कोई बहस नहीं हुई। 24 जनवरी, 1950 को डॉ. राजेंद्र प्रसाद ने संविधान सभा को संबोधित करते हुए कहा-

"स्वतंत्रता आंदोलन में उनकी महत्वपूर्ण भूमिका के कारण 'वंदे मातरम' को राष्ट्रगान 'जन गण मन' के समान दर्जा दिया जाना चाहिए और समान रूप से सम्मान दिया जाना चाहिए।"

संविधान सभा की बैठक में बोलते हुए डॉ. राजेंद्र प्रसाद ने कहा - "एक विषय है जो चर्चा के लिए लंबित है, अर्थात् राष्ट्रगान का प्रश्न। एक समय यह सोचा गया था कि इस विषय को सदन के समक्ष लाया जाए और सदन एक प्रस्ताव के माध्यम से इस पर निर्णय ले। परन्तु यह महसूस किया गया कि प्रस्ताव के माध्यम से औपचारिक निर्णय लेने के बजाय, यह बेहतर होगा कि मैं राष्ट्रगान के संबंध में एक वक्तव्य दूं। शब्दों व संगीत की वह रचना जिसे जन गण मन से सम्बोधित किया जाता है, भारत का राष्ट्रगान है; बदलाव के ऐसे विषय, अवसर आने पर सरकार अधिकृत करें और वन्दे मातरम् गान, जिससे कि भारतीय स्वतंत्रता संग्राम में ऐतिहासिक भूमिका निभाई है, को जन गण मन के समकक्ष

सम्मान व पद मिले। मैं आशा करता हूँ कि वो सदस्यों को संतुष्ट करेगा।"

(भारतीय संविधान परिषद, द्वादश खंड, 24/1/1950)

उनके वक्तव्य को स्वीकार कर लिया गया और रवींद्रनाथ टैगोर के 'जन-गण-मन' को स्वतंत्र भारत के राष्ट्रगान के रूप में अपनाया गया और बंकिम के 'वंदे मातरम' को समान अधिकार के साथ राष्ट्र गीत के रूप में अपनाया गया।

'वन्दे मातरम्' का गायन राष्ट्रीय पर्वों जैसे स्वतंत्रता दिवस और गणतंत्र दिवस पर अनिवार्य रूप से किया जाता है। यह भारत के सम्मान और भारतीय संस्कृति का प्रतीक है। यह गीत सरकारी समारोहों, स्कूलों में ध्वजारोहण, और अन्य सार्वजनिक आयोजनों में गाया जाता है। ये एकमात्र ऐसा भारतीय गीत है जो आज भी पूरे भारत में व्यापक रूप से लोकप्रिय है और संगीतकार आज भी इसे बार-बार गाना चाहते हैं, और इसके लिए नई धुनें बनाते रहते हैं।

❒

अध्याय-13

वंदे मातरम का भावार्थ

मूल पाठः

सुजलां सुफलाम्
मलयजशीतलाम्
शस्यश्यामलाम्
मातरम्।

शुभ्रज्योत्स्नापुलकितयामिनीम्
फुल्लकुसुमितद्रुमदलशोभिनीम्
सुहासिनीं सुमधुर भाषिणीम्
सुखदां वरदां मातरम्॥१॥

सप्त-कोटि-कण्ठ-कल-कल-निनाद-कराले
द्विसप्त-कोटि-भुजैर्धृत-खरकरवाले,

अबला केन मा एत बले।
बहुबलधारिणीं
नमामि तारिणीं
रिपुदलवारिणीं
मातरम्॥२॥

तुमि विद्या, तुमि धर्म
तुमि हृदि, तुमि मर्म
त्वम् हि प्राणा: शरीरे
बाहुते तुमि मा शक्ति,
हृदये तुमि मा भक्ति,
तोमारई प्रतिमा गडी मन्दिरे-मन्दिरे॥३॥

त्वम् हि दुर्गा दशप्रहरणधारिणी
कमला कमलदलविहारिणी
वाणी विद्यादायिनी,
नमामि त्वाम्
नमामि कमलाम्
अमलां अतुलाम्
सुजलां सुफलाम्
मातरम्॥४॥

वन्दे मातरम्
श्यामलां सरलां
सुस्मितां भूषिताम्
धरणीं भरणीं
मातरम्॥५॥

भावार्थ:

कवि अपनी मातृभूमि की वंदना करते हुए कहता है- "हे! धरती मां, मैं आपको प्रणाम करता हूं।"

कवि प्राकृतिक सौंदर्य का वर्णन करते हुए अपने हृदय के उद्गार व्यक्त करता है और

कहता है कि- "धरती पर स्वच्छ और निर्मल जलधाराएं नदियों के रूप में बहती है। धरा ना-ना प्रकार के फलों वाले वृक्षों से आच्छादित है। यहां चंदन की सुगंध से युक्त हवाएं चलती हैं और इस धरती पर चारों ओर फैले हुए सघन दानों की वजह से यह काली दिखाई देती है। ऐसी धरती माता को मैं प्रणाम करता हूं।"

प्राकृतिक सौंदर्य का वर्णन करने के बाद कवि खगोलीय सौंदर्य यानी अपनी धरती मां पर फैले अंतरिक्ष की छटा का भी अति सुंदर शब्दों में वर्णन करते हुए कहता है कि- "यहां रात्रि में सफेद चांदनी छिटक कर पुलकित होती है। यानी जिस चांदनी की उपस्थिति में यहां के लोग प्रफुल्लित होते हैं। यहां खिले हुए फूल और घने पत्तों वाले वृक्ष शोभायमान होते हैं। यह सुंदर हंसी युक्त और मधुर वाणी बोलने वाली है। सदैव सुख देने वाली और वर देने वाली माता, मैं आपको प्रणाम करता हूं।"

कवि मन माता के एक अन्य रूप की वंदना करते हुए कहता है- "यहां निवास करने वाले हजारों-लाखों कंठ कभी प्रसन्नतापूर्वक शांत नदी की धारा के समान कल-कल करते हैं और कभी-कभी चंडी का विकराल रूप धारण कर गरजते हैं। जिसकी दोगुनी भुजाएं हैं, अर्थात चौदह करोड़ भुजाएं धारदार तलवार धारण किए हुए हैं। ऐसी माता को कौन कहता है कि तुम अबला हो। अपार बल धारण करने वाली माता मैं आपको प्रणाम करता हूं। आप सभी दुखों से मुक्ति देने वाली हैं, शत्रुओं के समूह से लड़ने की शक्ति देने वाली हैं। माता मैं आपको प्रणाम करता हूं।"

मां के अनेक रूप हैं। कवि एक-एक करके उनके सभी स्वरूपों की आराधना करना चाहता है। विद्या और धर्म-संस्कार के विषय को कवि कुछ इस तरह से व्यक्त करता है- "मां तुम ही विद्या हो। क्योंकि मां ही सबसे पहले अपने बच्चों को अक्सर ज्ञान देती है। मां ही बोलना सिखाती है। इतना ही नहीं मां अपने बच्चे की अंगुली पकड़कर चलना भी सिखाती है।

माँ ही धर्म है। हर घर-परिवार में माँ ही धार्मिक कर्मकांड की जानकार होती है। धार्मिक अनुष्ठानों की साक्षी होती है। इसलिए नारी को संस्कार वाहिनी कहा जाता है।

कर्म भी तुम हो। यानी, मां तुम प्रेरणादाई हो। तुम ही कामकाज का मार्ग प्रशस्त करती हो।

मां तुम ही शरीर में प्राण हो। हे! मां तुम ही भुजाओं की शक्ति हो, ताकत हो। तुम ही हृदय की भक्ति हो।"

संसार में मां भगवान के समान है और ईश्वर की भक्ति करने के लिए देवालयों या मंदिरों के निर्माण की परंपरा प्रचलन में है। कवि माता के अलग-अलग स्वरूपों की पूजा

अर्चना करते हुए कहता है कि- "मां तुम्हारी प्रतिमा हर मंदिर में विराजमान है। शोभायमान है। तुम ही दुर्गा हो, जिसकी दसों भुजाएं शास्त्र धारण किए हुए हैं।

तुम ही कमल दल पर विराजमान होने वाली लक्ष्मी मां हो।

तुम ही विद्या का दान करने वाली मां सरस्वती हो। मैं आपको नमस्कार करता हूं।"

और अंत में एक बार फिर से कवि धरती पर प्राकृतिक संपदाओं को स्मरण करते हुए कहता है कि- "लक्ष्मी के समान, स्वच्छ, अतुलनीय बल धारण करने वाली माता आपको प्रणाम है। यहां स्वच्छ जल युक्त नदियां बहती हैं, यह फलदार वृक्षों से आच्छादित है, हे माता! आपको नमस्कार करता हूं।

सघन धान युक्त श्यामला धरती की, सरल, सुखद मुस्कान युक्त आभूषण से सुसज्जित, सभी को धारण करने वाली, सभी का भरण-पोषण करने वाली माता, मैं आपको प्रणाम करता हूं।

हे धरती माता! आपको मैं प्रणाम करता हूं।"

कवि बंकिमचंद्र चटर्जी ने धरती माता की जिस तरह से वंदना की है, वह अतुलनीय है। यह हमारी प्राचीन परंपरा रही है कि हमारे पूर्वजों ने धरती, पेड़, अंतरिक्ष आदि से मानवीय संबंध जोड़े हैं। उन्हीं संबंधों को पुनः स्मरण करते हुए एक उत्कृष्ट रचना की थी कवि बंकिमचंद्र चटर्जी ने।

❐

अध्याय-14

विवाद

यह स्वतंत्रता आंदोलन की लामबंदी रणनीतियों का हिस्सा बन गया और सम्मेलनों और कांग्रेस अधिवेशनों में गाया जाने लगा। शुरुआत में गांधीजी ने इसे धर्म से नहीं जोड़ा, बल्कि इसे मातृभूमि की महिमा का गान माना और अपने अधिकांश संवादों का समापन 'वंदे मातरम' शब्दों से किया। बढ़ती सांप्रदायिक समस्याओं के साथ, मुस्लिम समुदाय ने स्पष्ट कर दिया कि वे इस गीत से सहज नहीं हैं और अलगाव की भावना महसूस करते हैं क्योंकि उन्हें लगता है कि यह हिंदू सांस्कृतिक संदर्भ और राष्ट्र के धार्मिक अर्थ से जुड़ा है। इसके धार्मिक अर्थ का विरोध हुआ, खासकर सन् 1920 के दशक के सांप्रदायिक संघर्षों के संदर्भ में। शुरुआत में गांधीजी ने इस गीत को धार्मिक संदर्भ में नहीं देखा। 1930 के दशक के अंत तक उन्होंने इस गीत को गाने पर अपनी आपत्तियां व्यक्त की। उन्होंने 1 जुलाई 1939 के हरिजन में लिखा:

"चाहे इसका स्रोत कुछ भी रहा हो, उसे कैसे और कब रचा गया हो, यह विभाजन के दिनों में बंगाल के हिंदुओं और मुसलमानों के बीच एक अत्यंत शक्तिशाली युद्धघोष बन गया है। यह एक साम्राज्यवाद-विरोधी नारा था... मुझे कभी यह ख़याल ही नहीं आया था कि यह एक हिंदू गीत है या सिर्फ हिंदुओं के लिए है। दुर्भाग्य से, अब हम बुरे दिनों में हैं... मैं किसी भी मिली-जुली सभा में वंदे मातरम गाने को लेकर एक भी झगड़ा मोल नहीं लूँगा।"

तीन सप्ताह बाद उन्होंने हरिजन के पृष्ठों में यह स्पष्ट किया -

"यदि किसी मिश्रित सभा में किसी व्यक्ति को कांग्रेस के संशोधन के बावजूद भी वंदे मातरम के गायन पर आपत्ति हो, तो गायन बंद कर दिया जाना चाहिए।"

1940 के दशक में गांधीजी को उनके द्वारा चुने गए गीतों, कुरान के पाठ और राम तथा रहीम दोनों के आह्वान को शामिल करने के लिए विभिन्न वर्गों से आलोचना का सामना करना पड़ा। उनकी प्रार्थना सभाओं का दोनों समुदायों द्वारा बहिष्कार किया जाने लगा। मुस्लिम समुदाय के कुछ सदस्यों ने प्रार्थना सभाओं में राम धुन के गाने पर अपनी असहमति व्यक्त की।

गांधीजी ने इस प्रथा को छोड़ने से इनकार कर दिया। उनका तर्क था-

"राम नाम उस सर्वव्यापी ईश्वर का प्रतीक है जिसे लाखों लोग जानते हैं और जो गहरी भावनाओं को जगाता है। उन्होंने अपने लेखों में स्पष्ट किया कि राम नाम ईश्वर की अनेक वाणीयों में से एक है और इसलिए इससे मुस्लिम समुदाय को ठेस नहीं पहुँचाना चाहिए।"

उन्होंने यह भी बताया कि वह हर रात कुरान और भगवद् गीता पढ़ते हैं। वह ऐसी कोई भी बात छोड़ने को तैयार थे जिससे मुसलमानों को ठेस पहुँचती हो, लेकिन रामधुन नहीं। वह इसे अपनी जीवन रेखा मानते थे, जिससे उन्हें मानसिक शांति मिलती थी। अप्रैल 1946 में एक प्रार्थना सभा में गांधीजी ने कहा-

"क्या मुसलमानों के लिए एक ईश्वर है और हिंदुओं, पारसियों या ईसाइयों के लिए दूसरा? नहीं, केवल एक ही सर्वशक्तिमान, सर्वव्यापी ईश्वर है। उनके अनेक नाम हैं, और हम उन्हें उसी नाम से याद करते हैं जो हमें सबसे अधिक परिचित है। मेरे राम, हमारी प्रार्थनाओं के राम, अयोध्या के राजा दशरथ के पुत्र, ऐतिहासिक राम नहीं हैं। वे शाश्वत हैं, अजन्मे हैं, जिनका कोई सानी नहीं है। मैं केवल उन्हीं की पूजा करता हूँ, केवल उन्हीं की सहायता चाहता हूँ। वे सभी के समान हैं। इसलिए, मुझे कोई कारण नहीं दिखता कि किसी मुसलमान या किसी को भी उनका नाम लेने पर आपत्ति हो। लेकिन वह किसी भी तरह से ईश्वर को राम नाम के रूप में पहचानने के लिए बाध्य नहीं है। वह अपने मन में अल्लाह या खुदा कह सकता है ताकि ध्वनि का सामंजस्य बिगड़े नहीं।"

उन्होंने राम नाम का प्रयोग सर्वव्यापी ईश्वर के रूपक के रूप में किया। सन् 1947 में नोआखाली में सांप्रदायिक हिंसा से लड़ते हुए भी, गांधीजी ने राम धुन या कुरान का त्याग नहीं किया।

गीत के कथित विवादित अंतिम चार छंद देखें तो पहले में भारत माता को 'बहुबलधारिणी' कहकर इसके करोड़ों पुत्रों को शक्ति का केंद्र माना गया। यह वीरता-शौर्य का आह्वान करते हुए जनता का आत्मबल जगाती हैं। अगले छंद में मातृभूमि को विद्या, धर्म, शक्ति और भक्ति के प्रतीक के रूप में देख गया है। पांचवें छंद में मातृभूमि त्रिमूर्त रूपों में चित्रित है-समृद्धि-सौभाग्य के प्रतीक रूप में वह लक्ष्मी, ज्ञान-सांस्कृतिक चेतना के प्रतीक रूप में सरस्वती और शक्ति, संघर्ष और विजय की प्रतीक के रूप वह दुर्गा है।

वंदे मातरम गीत के बाद के कुछ छंदों में मातृभूमि को हिंदू देवी दुर्गा के रूप में चित्रित किया गया है। मुसलमानों के एक बड़े वर्ग ने इस पर आपत्ति जताई क्योंकि इस्लाम में मूर्ति पूजा और देवी-देवताओं की पूजा की मनाही है। उनका मानना था कि गीत इस प्रकार भारतीय राष्ट्रवाद को एक धर्म विशेष के हिसाब से परिभाषित करता है। कुछ सिख, जैन, ईसाई और बौद्ध संगठनों ने भी समान आधार पर आपत्तियां उठाई थी।

मुस्लिम लीग

30 दिसंबर, 1908 को अमृतसर में ऑल इंडिया मुस्लिम लीग के दूसरे अधिवेशन में अपने अध्यक्षीय भाषण में लीग के नेता सैयद अली इमाम ने कहा-

"जब भारत का सबसे उन्नत प्रांत वंदे मातरम के सांप्रदायिक नारे को राष्ट्रीय नारा बनाता है तो उसका दिल निराशा और हताशा से भर जाता है। यह शक कि राष्ट्रवाद की आड़ में भारत में "हिंदू राष्ट्रवाद का प्रचार किया जा रहा है, एक यकीन बन जाता है।"

वंदे मातरम को लेकर एक बड़ा विवाद 2009 में हुआ था। जब उत्तर प्रदेश के देवबंद में जमीयत उलेमा-ए-हिंद ने एक फतवा जारी कर मुसलमानों से राष्ट्र गीत नहीं गाने को कहा था। इसमें कहा गया था-

"हम अपने देश से प्यार करते हैं और हमने यह कई बार साबित भी किया है, लेकिन वंदे मातरम हमारे एकेश्वरवाद में विश्वास के विरुद्ध है जो हमारे धर्म की नींव है। हम अपने देश से प्यार कर सकते हैं और उसकी सेवा कर सकते हैं, लेकिन उसे अल्लाह का दर्जा नहीं दे सकते, जिसकी इबादत सिर्फ मुसलमान करते हैं।"

मुस्लिम लीग

1937 में मुस्लिम लीग ने लखनऊ के अपने 25 वें सत्र में अपनाए गए एक प्रस्ताव

में वंदे मातरम को न केवल पूरी तरह से इस्लाम विरोधी और मूर्ति पूजक बताया, बल्कि भारत में वास्तविक राष्ट्रवाद के विकास के लिए हानिकारक भी बताया। सन् 1900 में मुस्लिम नेताओं ने इस गीत के लोकप्रिय इस्तेमाल पर शुरुआती विरोध जताया था। वंदे मातरम के प्रति मुस्लिम लीग का विरोध बढ़ता जा रहा था। जिन्ना ने 15 अक्टूबर, 1937 को वंदे मातरम के विरुद्ध नारा बुलंद किया। इन्हीं दवाबों और तुष्टी करण की राजनीति में वंदे मातरम विभाजित हो गया। राष्ट्रगान के रूप में इसे चयनित करने में भी अनदेखा किया गया।

कांग्रेस का समाधान

26 अक्टूबर, 1937 को नेहरू की अध्यक्षता में कलकत्ता में हुई कांग्रेस कार्यसमिति की बैठक में भी इस विषय पर एक प्रस्ताव पारित किया गया। इसमें कहा गया-

> **"जहां भी राष्ट्रीय सभाओं में वंदे मातरम गाया जाए, वहां सिर्फ पहले दो छंद ही गाए जाने चाहिए। आयोजकों को वंदे मातरम के अलावा या उसके स्थान पर कोई भी अन्य गीत गाने की पूरी आजादी होगी जो आपत्तिजनक न हो।"**

सन् 1937 में राष्ट्रीय गीत की महत्वपूर्ण पंक्तियां हटा दी गई और यह तक कहा कि इससे देश में विभाजन के बीज बोए गए।

हटाई गईं पंक्तियां

वंदे मातरम का हटाया गया हिस्सा निम्नलिखित है -

कोटि कोटि कण्ठ कल कल निनाद कराले
द्विसप्त कोटि भुजैर्धृत खरकरवाले
के बोले मा तुमी अबले
बाहुबली धारिणीं नमामि तारिणीम्
रिपुदलवारिणीं मातरम्।।
तुमि विद्या तुमि धर्म, तुमि हदि तुमि मर्म
त्वं हि प्राणा: शरीरे
बाहुते तुमि मा शक्ति,
हृदये तुमि मा भक्ति,
तोमारे प्रतिमा गडि मन्दिरे-मन्दिरे।।

त्वं हि दुर्गा दशप्रहरणधारिणी
कमला कमलदल विहारिणी वाणी
विद्यादायिनी, नमामि त्वाम्
नमामि कमलां अमलां अतुलाम् सुजलां सुफलां मातरम्।।
श्यामलां सरलां सुस्मितां भूषिताम्
धरणीं भरणीं मातरम्।।
(यह बांग्ला में है।)

'वंदे मातरम' और 'जन गण मन'को लेकर समय-समय पर विवाद सामने आते रहे हैं।

वंदे मातरम के 150 वें वर्ष पर एक वर्ग ने इस मामले पर खुला झूठ बोला। इस वर्ग का कहना है कि कांग्रेस पार्टी ने पंडित जवाहरलाल नेहरू की अध्यक्षता में अपने सांप्रदायिक एजेंडे को बढ़ावा देते हुए सन् 1937 में केवल 'वंदे मातरम' का छोटा रूप अपनाया।

आज जब एक वर्ग विशेष कांग्रेस सरकार की गलतियों की ओर इशारा करता हैं और उन पर दंडात्मक कार्रवाई होती है, तब गांधीजी के यह शब्द प्रासंगिक हो उठते हैं। ऐसे में सवाल उठता है- जब सत्ताधारी असहमति को दबा रहे हैं, तो 'वंदे मातरम' की 150वीं वर्षगांठ मनाने का अर्थ ही क्या रह जाता है?

राष्ट्रपिता गांधीजी के यह विचार आज और भी महत्वपूर्ण हैं। जब 'वंदे मातरम' की वर्षगांठ के अवसर पर समाज को धार्मिक आधार पर बांटने की कोशिश की जा रही है, इतिहास को विकृत किया जा रहा है और नफरत का माहौल बनाया जा रहा है।

वर्ष 2006 में जब "वंदे मातरम" को लेकर फिर बहस छिड़ी तो संघ के तत्कालीन प्रमुख के एस सुदर्शन ने कहा-

"हम 'वंदे मातरम' का सम्मान करते हैं। यह हमारे स्वतंत्रता संग्राम का प्रेरणा-स्रोत था लेकिन 'जन-गण-मन' हमारा राष्ट्रगान है। उसका अपना विशेष स्थान है।"

यह भी सही है कि संघ ने आधिकारिक तौर पर कभी "वंदे मातरम" के केवल पहले दो छंदों को ही राष्ट्रीय गीत के रूप में अपनाने के सरकारी फैसले का विरोध नहीं किया। बल्कि व्यवहार में संघ ने भी इस फैसले का समर्थन और पालन किया।

❐

अध्याय-15

अनुवाद

'वंदे मातरम' गीत का अनेक भारतीय भाषाओं में अनुवाद किया गया है। जिनमें मुख्य रूप से तमिल, तेलुगु, कन्नड़, उड़िया, मलयालम, असमिया, हिंदी, मराठी, गुजराती, पंजाबी और उर्दू शामिल हैं।

गद्य अनुवाद

श्री अरविंद ने 20 नवंबर, 1909 को 'कर्मयोगिनी' में इसका गद्य में अनुवाद किया।

अंग्रेजी अनुवाद

'वंदे मातरम' का पहला अंग्रेजी अनुवाद अरविंद घोष ने सन् 1909 में किया था। इसके बाद प्रसिद्ध बंगाली लेखक नरेश चंद्र सेनगुप्ता जिन्होंने 20 वीं शताब्दी के आरम्भ में 'आनंदमठ' का अंग्रेजी में अनुवाद किया उन्होंने साफ़ लिखा कि इस गीत को पढ़ने के बाद यह जानकर दुख होता है कि बंकिम बांग्ला राष्ट्रवाद से इतने ग्रस्त थे कि उन्हें भारतीय राष्ट्रवाद की परवाह नहीं थी।

उर्दू अनुवाद

आरिफ मोहम्मद खान ने 'वंदे मातरम' का उर्दू में अनुवाद किया था।

तमिल अनुवाद

महाकवि सुब्रह्मण्य भारती ने इसका तमिल में अनुवाद किया। इसके बाद उनके लिए यह गीत जीवन मंत्र बन गया था।

महर्षि अरविन्द द्वारा किए गए अंग्रेजी गद्य-अनुवाद का हिन्दी-अनुवाद इस प्रकार है -

मैं आपके सामने नतमस्तक होता हूं। ओ माता!
पानी से सींची, फलों से भरी,
दक्षिण की वायु के साथ शांत,
कटाई की फसलों के साथ गहरी,
माता!
उसकी रातें चांदनी की गरिमा में प्रफुल्लित हो रही हैं,
उसकी जमीन खिलते फूलों वाले वृक्षों से बहुत सुन्दर ढकी हुई है,
हँसी की मिठास, वाणी की मिठास,
माता! वरदान देने वाली, आनन्द देने वाली।

संगीतबद्ध

वंदे मातरम को संगीतबद्ध करने का श्रेय रवींद्रनाथ ठाकुर को जाता है। उन्होंने इस गीत को भारतीय रागों के अनुसार संगीतबद्ध किया। गीत के संगीत की रचना जदुनाथ भट्टाचार्य ने की थी। "वंदे मातरम" के संगीत में भारतीय शास्त्रीय संगीत का प्रभाव था। जिसने इस गीत को और भी दिलकश और प्रेरणादायक बना दिया।

सन् 1905 से अनेक संगीतकारों और गायकों ने इसे ग्रामोफोन रिकॉर्ड पर रिकॉर्ड किया है। इसकी बढ़ती लोकप्रियता को देखते हुए बोस रिकॉर्ड्स और निकोल रिकॉर्ड कंपनी जैसी शुरुआती रिकॉर्डिंग कंपनियों ने इसे रवींद्रनाथ टैगोर, बाबू सुरेंद्रनाथ बनर्जी, सत्य भूषण गुप्ता, आर एन बोस और अन्य की आवाज में रिकॉर्ड किया। हेमेंद्र मोहन बोस ने सन् 1907 में अपने लेवल, एच बोस रिकॉर्ड पर व्यावसायिक रूप से एक संस्करण जारी किया। पुलिस ने कारखाने और रिकॉर्ड के मौजूदा स्टॉक को नष्ट कर दिया। डिस्क की कुछ प्रतियां बेल्जियम और पेरिस में बच गईं, जहां पाथे/एच बोस रिकॉर्ड को प्रेस किया गया था। अतः हम अभी भी रवींद्रनाथ की आवाज में वंदे मातरम सुन सकते हैं। वह गीत को काफी कर्कश, ऊंचे स्वर और नाक की आवाज में और बेहद धीमी गति में है। यह ग्रामोफोन रिकॉर्ड पर उपलब्ध सबसे पुरानी रिकॉर्डिंग है।

संस्करण

आज उपलब्ध एक से अधिक संगीतबद्ध वंदे मातरम विभिन्न धुनों और रागों पर आधारित है। सन् 1923 में शास्त्रीय गायक बी डी पलुस्कर ने कांग्रेस अधिवेशन के सत्र में राग काफी पर आधारित एक प्रस्तुति दी थी। राग काफी हिंदुस्तानी शास्त्रीय संगीत का एक लोकप्रिय और महत्वपूर्ण राग है, जो काफी थाट से उत्पन्न होता है और इसमें कोमल गंधार (ग) और कोमल निषाद (नि) का प्रयोग होता है।

ऐसा माना जाता है कि ऑल इंडिया रेडियो पर बजाया गया एक लोकप्रिय संस्करण सितार वादक रविशंकर (1920-2012) द्वारा रचित था।

❐

अध्याय-16

अवधि

वंदे मातरम का गायन आमतौर पर लगभग 2 से 3 मिनट के बीच होता है। इसका संगीत सरल है। अत्यधिक भावनात्मक और प्रेरणादायक है। यह गीत रवींद्रनाथ ठाकुर द्वारा संगीतबद्ध किया गया था। इसका पहला संस्करण भारत के स्वतंत्रता संग्राम के समय में गाया गया था। यदि पूरा गीत गाया जाए तो यह लगभग 5 मिनट तक बढ़ सकता है।

आलोचनाओं और आलोचकों का आधार आधारहीन होता है। आमतौर पर यह देखा गया है कि अनेक विद्वान केवल विरोध करने के मकसद से विरोध करते हैं। उनके विरोध का कोई आधार नहीं होता क्योंकि ऐसे आलोचक बिना मौलिक तत्वों को समझें केवल विरोध के लिए विरोध करते हैं।

आलोचकों के एक वर्ग का कहना है कि वंदे मातरम गीत को समुचित सम्मान नहीं दिया गया। ऐसे आलोचक यह भूल जाते हैं कि वंदे मातरम को राष्ट्रगीत का दर्जा देना ही सर्वश्रेष्ठ सम्मान है। राष्ट्र गान की एक समय सीमा होती है। राष्ट्रगान हो या राष्ट्र गीत कम अवधि का श्रेष्ठ होता है। जब सारी दुनिया में राष्ट्रगान की परंपरा शुरू हुई तब आज की भांति दुनिया की गति इतनी तीव्र नहीं थी। तब लोगों के पास समय था। फिर भी राष्ट्रगान को कम अवधि का ही रखा गया।

संपूर्ण विश्व में देशभक्ति गीतों को आधिकारिकतौर पर राष्ट्रगान के रूप में अपनाने की प्रथा 19 वीं शताब्दी में शुरू हुई। उस समय किसी देश की अधिकांश आबादी द्वारा व्यापक रूप से ज्ञात और गाए जाने वाले राष्ट्रीय गीतों को कभी-कभी राष्ट्रगान के रूप में अपनाया जाता था। इसका एक उदाहरण है फ्रांस का राष्ट्रगान- "ला मार्सिलेज़"। इसे क्लाउड जोसेफ रूजेट डी लिस्ले ने सन् 1792 में लिखा था। इस राष्ट्रगान ने फ्रांसीसी क्रांति को नयी दिशा प्रदान की।

वर्तमान विश्व में सबसे लंबा राष्ट्रगान उरुग्वे का है। जिसे पूरा गाने में लगभग 6 मिनट लगते हैं। ग्रीस का राष्ट्र गान 158 छंदों का है। लेकिन उसका छोटा संस्करण गाया जाता है।

भारत का राष्ट्र गान "जन गण मन" है, जिसे लगभग 52 सेकंड में गाया जाता है।

❐

अध्याय-17

स्वातंत्र्योत्तर वंदे मातरम

'वंदे मातरम' ने मातृभूमि के प्रति प्रेम जागृत किया तो दूसरी ओर उर्दू-फारसी मूल के शब्द 'इंकलाब जिंदाबाद' ने क्रांति को अमर बनाने का संदेश दिया। दोनों ही आदर्श वाक्यों ने देश को गुलामी के भयावह अंधकार और गुलामी की बेड़ियों से भारत माता को स्वतंत्र कराने में महत्वपूर्ण भूमिका निभाई।

आकाशवाणी

23 जुलाई, 1927 को देश में पहला रेडियो प्रसारण, इंडियन ब्रॉडकास्टिंग कंपनी के बॉम्बे स्टेशन से शुरू हुआ था। 8 जून, 1936 को, इंडियन स्टेट ब्रॉडकास्टिंग सर्विस का नाम बदलकर ऑल इंडिया रेडियो यानी एआईआर कर दिया गया। फिर एक बार नाम बदला गया और अंततः इसका नाम आकाशवाणी रखा गया।

जब भारतीय राज्य प्रसारण सेवा का नाम बदलकर अखिल भारतीय रेडियो कर दिया गया, तो रवींद्रनाथ टैगोर ने कोलकाता की शॉर्टवेव सेवा के उद्घाटन के लिए लिखी गई एक कविता में इसे आकाशवाणी, यानी आकाश से आने वाली आवाज नाम दिया था।

आकाशवाणी शब्द का प्रयोग रेडियो के संदर्भ में भी सन् 1936 में एम वी गोपालस्वामी द्वारा किया गया था। उन्होंने मैसूर में वर्तमान अखिल भारतीय रेडियो स्टेशन से लगभग 200 गज की दूरी पर स्थित अपने निवास "विट्ठल विहार" में भारत का पहला निजी रेडियो स्टेशन स्थापित किया था।

सन् 1956 में आकाशवाणी को अखिल भारतीय रेडियो के प्रसारण नाम के रूप में अपनाया गया। संस्कृत में इसके शाब्दिक अर्थ "आकाश से आवाज" होने के कारण, यह नाम एक प्रसारक के लिए अत्यंत उपयुक्त माना गया। आकाशवाणी नाम का सुझाव गोपालस्वामी को तेलुगु-कन्नड़ विद्वान रल्लापल्ली अनंत कृष्ण शर्मा ने दिया था। जो मैसूर महाराजा कॉलेज में तेलुगु पंडित के रूप में कार्यरत थे।

स्वतंत्र भारत में अनेक नये मापदंड सांस्कृतिक और सामाजिक मूल्यों को बढ़ावा देने के उद्देश्य से स्थापित किए गए। वंदे मातरम को समुचित सम्मान दिया गया। इसका श्रेष्ठ उदाहरण है आकाशवाणी। जिस तरह से गुलाम भारत में निकाली जाने वाली प्रभात फेरियों में वंदे मातरम का जयघोष हिंदुस्तानियों को जागृत करता था। चेतना जागृत करता था। उत्साह का संचार करता था। स्वतंत्रता के उपरांत संविधान लागू होने के बाद वह कार्य आकाशवाणी ने किया। विभिन्न माध्यमों से प्राप्त सूचनाओं के अनुसार ऑल इंडिया रेडियो का पहला प्रसारण कर्नाटक के धारवाड़ केंद्र से 8 जनवरी 1950 को हुआ था। इस प्रथम प्रसारण की सबसे बड़ी विशेषता यह थी कि गंगूबाई हंगल, भीमसेन जोशी जैसे महान कलाकारों के सामूहिक 'वंदे मातरम' गायन से देश में आकाशवाणी के प्रसारण का शुभारंभ हुआ था। इसके उपरांत देश के सभी आकाशवाणी केंद्रों ने इस परंपरा का निर्वहन करते हुए प्रतिदिन का शुभारंभ वंदे मातरम गायन से ही किया। यह परंपरा आज भी सुरक्षित और संरक्षित है। दूसरे शब्दों में कहें तो सन् 1950 से आकाशवाणी का शुभारंभ वंदे मातरम गीत से शुरुआत होती है। पहले भी और वर्तमान में भी प्रत्येक शास्त्रीय गायक आकाशवाणी से 'वंदे मातरम' का गायन प्रस्तुत करने में अपना सौभाग्य समझता है। कहते हैं कि किसी भी शास्त्रीय गायक जब तक आकाशवाणी से 'वंदे मातरम' प्रस्तुत नहीं कर लेता तब तक वह अपने आप को गायन में पारंगत महसूस नहीं करता। यही कारण है कि समय-समय पर अनेक गायकों ने अलग-अलग रागों में आकाशवाणी से 'वंदे मातरम' का गायन किया।

पंडित वी.डी. पलुस्कर ने सन् 1923 में कांग्रेस सत्र में राग काफ़ी पर आधारित 'वंदे मातरम' का गायन किया था जिसका लोकप्रिय संस्करण बाद में ऑल इंडिया रेडियो पर बजाया गया।

'जन गण मन अधिनायक जय हे...' और 'वंदे मातरम', दोनों गानों को ग्रामोफोन कंपनी द्वारा विशेष रूप से लगभग 800 आकाशवाणी स्टेशनों पर बजाने के लिए रिकॉर्ड किया गया था। ऐसा माना जाता है कि रविशंकर ने यह धुन उस समय बनाई थी जब वह रेडियो स्टाफ कलाकार थे। गायन और वाद्य दोनों संस्करणों को रिकॉर्ड किया गया था। प्रत्येक धुन लगभग 58 सेकंड की है। यह धुन बहुत सरल है और मातृभूमि की पूजा का एक शांत और गंभीर माहौल बनाने में सफल है। हर सुबह सभी रेडियो स्टेशन हस्ताक्षर धुन के तुरंत बाद गायन संस्करण में वंदे मातरम बजाते थे। कालांतर में यह प्रथा रेडियो और दूरदर्शन पर प्रचलित हो गई।

समय-समय पर आकाशवाणी से पंडित ओंकारनाथ ठाकुर, हीराबाई बड़ोदकर, लता

मंगेशकर, साधना सरगम, सुखविंदर सिंह, ने विभिन्न गायन शैलियों में वंदे मातरम प्रस्तुत किया।

दिल्ली लाल किला और वंदे मातरम

ऐसा उल्लेख मिलता है कि 15 अगस्त, 1947 को भारत की आजादी के दिन सरदार वल्लभ भाई पटेल के आग्रह पर पंडित ओंकारनाथ ठाकुर ने लाल किले के पास ऑल इंडिया रेडियो (आकाशवाणी) से अपनी सुरीली आवाज में सुबह 6:30 बजे वंदे मातरम का गायन किया था। जिससे पूरा देश भावुक हो गया था।

एक अन्य उल्लेख मिलता है कि हीराबाई बड़ोदकर ने 15 अगस्त, 1947 के लिए लाल किले से 'वंदे मातरम' गाने वाली प्रख्यात शास्त्रीय गायिका थीं। पद्मभूषण से सम्मानित हीराबाई उर्फ चंपाकली उस्ताद अब्दुल करीम खान की पुत्री थी।

आधुनिक इतिहासकारों के मत

स्वतंत्रता के उपरांत भारत के इतिहास को पुनः लिखने की की परंपरा का शुभारंभ हुआ। विभिन्न मतों के इतिहासकारों ने अपनी-अपनी सोच के अनुसार इतिहास कलमबद्ध किया।

इतिहासकार पणिक्कर लिखते हैं-

"आनंदमठ में बंकिमचंद्र ने बंगाल के मुस्लिम राजाओं की कड़ी आलोचना की।"

एक अन्य स्थान पर वह लिखते हैं-

"हमने अपना धर्म, जाति, इज़्ज़त और परिवार का नाम खो दिया है। हम अब अपनी ज़िंदगी गवां देंगे। जब तक इन... (को) भगाएंगे नहीं तब तक हिंदू अपने धर्म की रक्षा कैसे करेंगे।"

इतिहासकार तनिका सरकार का कहना है-

"बंकिमचंद्र इस बात को मानते थे कि भारत में अंग्रेजों के आने से पहले बंगाल की दुर्दशा मुस्लिम राजाओं के कारण थी।"

इतिहासकार के एन पणिक्कर का मानना है-

"बंकिमचंद्र के साहित्य में मुस्लिम शासकों के ख़िलाफ कुछ टिप्पणियों के आधार पर यह नहीं कहा जा सकता कि बंकिम

मुस्लिम विरोधी थे। आनंदमठ एक साहित्यिक रचना है।"

के एन पणिक्कर का कहना है-

"बंकिमचंद्र अंग्रेज़ी हुकूमत में एक कर्मचारी थे और उन पर अंग्रेज़ों के ख़िलाफ़ लिखे गए हिस्से 'आनंदमठ' से निकालने का दबाव था। 19वीं शताब्दी के अंत में लिखी इस रचना को उस समय के मौजूदा हालात के संदर्भ में पढ़ना और समझना ज़रूरी है।"

'वन्दे मातरम्' का गायन राष्ट्रीय पर्वों जैसे स्वतंत्रता दिवस और गणतंत्र दिवस पर अनिवार्य रूप से किया जाता है। यह भारत के सम्मान और भारतीय संस्कृति का प्रतीक है। यह गीत सरकारी समारोहों, स्कूलों में ध्वजारोहण और अन्य सार्वजनिक आयोजनों में गाया जाता है।

विद्यालयों और महाविद्यालयों में 'वन्दे मातरम्' गाया जाता है। ताकि विद्यार्थियों में देशभक्ति की भावना जागृत हो। इससे छात्रों में मातृभूमि के प्रति सम्मान और प्यार बढ़ता है।

स्वतंत्रता संग्राम में योगदान देने वाले शहीदों की श्रद्धांजलि अर्पित करते समय यह गीत गाया जाता है। यह उन बलिदानियों के प्रति सम्मान व्यक्त करता है।

संसद का विशेष सत्र

आजादी की पचासवीं वर्षगांठ पर संसद का एक विशेष सत्र बुलाया गया था। जब पंडित भीमसेन जोशी ने तबले और हारमोनियम पर बेहतरीन संगत के साथ शास्त्रीय संगीत समारोह की शैली में दो मिनट से ज़्यादा समय तक इसे गाया।

4 अगस्त 1998 को पंडित जसराज ने उसी स्थान पर वंदे मातरम बिना किसी वाद्य यंत्र के गाया जिस स्थान पर पंडित भीमसेन जोशी ने संसद के विशेष सत्र में गाया था।

❐

अध्याय-18

बंकिम से रहमान तक की यात्रा

बंकिमचंद्र चट्टोपाध्याय ने 7 नवंबर, 1875 में वंदे मातरम गीत लिख कर देशवासियों को सौंप दिया। उन्होंने सार्वजनिक रूप से यह गीत गाया था नहीं इसके साक्ष्य उपलब्ध नहीं हैं।

55 वर्ष की आयु में 8 अप्रैल,1894 को कलकत्ता में उन्होंने अंतिम सांस ली। इन उन्नीस वर्षों में उन्होंने वंदे मातरम गीत किसी सार्वजनिक सभा में कभी नहीं गाया।

बंकिमचंद्र चट्टोपाध्याय के देहांत के दो वर्ष बाद पहली बार सन् 1896 में कलकत्ता में भारतीय राष्ट्रीय कांग्रेस के अधिवेशन में रवींद्रनाथ टैगोर ने सार्वजनिक रूप से गाया था। इसके यह गीत लोकप्रिय होता चला गया। संभवत यह पहला अवसर था जब कलकत्ता के टाउन हॉल सभा में 6 अगस्त 1905 को लगभग तीन हजार भारतीयों ने एक साथ यह गीत गाया।

वंदे मातरम संसद और राज्य विधानसभाओं के शुरुआती सत्रों में बजाया जाता है। सभी सार्वजनिक सभाओं में इसे गाते या बजाते समय नागरिकों से सावधान की मुद्रा में खड़े रहने की अपेक्षा की जाती है।

गायक कलाकार

बंगाल के हुगली जिले के एस जे गोपाल चंद्र धर ने इसे सन् 1876 में राग देश मल्हार में गाया था। इसे यदुनाथ भट्टाचार्य द्वारा संगीतबद्ध किया गया था।

पश्चिमी धुनों के विशेषज्ञ श्री दखिना चरण सेन ने सन् 1901 में कलकत्ता कांग्रेस में यह गीत गाया था।

भारत की पहली रिकॉर्डिंग कलाकार गौहर जान की शिष्या और एक प्रसिद्ध कलाकार, इंदु बाला, ऑल इंडिया रेडियो के लिए गाने वाली शुरुआती कलाकारों में से एक मानी जाती हैं। उन्होंने सन् 1927 में कलकत्ता में प्रसारण के दूसरे दिन प्रस्तुति दी थी।

इंदु बाला की लोकप्रियता आसमान छूती गई और उन्हें पूरे भारत से संगीत कार्यक्रमों

के निमंत्रण मिलने लगे। अपने करियर में, इंदु बाला ने लगभग 280 गाने रिकॉर्ड किए, जिनमें शास्त्रीय संगीत, रंगमंच, बंगाली और हिंदी सिनेमा के गाने और कई देशभक्ति की धुनें शामिल थीं।

सन् 1947 में बंगाल और महाराष्ट्र के संगीतकार और गायक आश्वस्त थे कि यह स्वतंत्र भारत का राष्ट्रगान बनेगा। उन्होंने इस गीत के लिए कई धुनें तैयार की। इन अग्रदूतों में मास्टर कृष्णराव फुलंब्रीकर और श्री वीडी अंभईकर थे। हमारी आजादी से पहले भी मास्टर कृष्णराव फुलंब्रीकर ने सन् 1935 के आसपास एक ग्रामोफोन रिकॉर्ड बनाया था। अपने कार्यक्रम के अंत में प्रतिबंधित गीत गाने के तुरंत बाद उनका रेडियो प्रसारण बाधित हो गया। उन्होंने तब सभी रेडियो कार्यक्रमों का बहिष्कार किया। उन्होंने ग्रामोफोन रिकॉर्ड के माध्यम से और अपने संगीत समारोहों में इसे गाकर अपनी धुनों को लोकप्रिय बनाया। आजादी के बाद उन्हें ऑल इंडिया रेडियो पर गाने के लिए आमंत्रित किया गया और उन्होंने वंदे मातरम गाकर अपने कार्यक्रम की शुरुआत की। 1948 में, जब उन्हें पता चला कि पंडित नेहरू गीत के संगीत के खिलाफ थे उन्होंने इस गीत के कई वैकल्पिक संस्करण तैयार किए, जिन्हें एकल, कोरस, मार्चिंग गीत के रूप में, संगत के साथ और बिना संगत के गाया गया। ये रिकॉर्डिंग संविधान समिति के सदस्यों को सुनाई गई।

24 जनवरी 1950 को वंदे मातरम को राष्ट्रगान घोषित होते ही नई धुनें उपलब्ध कराने के सभी प्रयास समाप्त हो गए और उस समय तक की रिकॉर्डिंग अब एक महत्वपूर्ण दस्तावेज़ और हमारी सांस्कृतिक विरासत का हिस्सा बन गई है।

स्वतंत्र भारत अनेक गायकों ने राष्ट्रीय गीत को आवाज दी। एम एस सुब्बुलक्ष्मी और डी के रॉय के साथ-साथ प्रतिष्ठित जयपुर घराने की गायिका मोगुबाई कुर्डीकर का नाम प्रमुख है।

भारत के प्रसिद्ध संगीतकारों पंडित विष्णु दिगंबर पलुस्कर, पंडित ओंकारनाथ ठाकुर, विष्णुपंत पगनिस, केशवराव भोले, देश दास, सत्य भूषण गुप्ता, दिलीप कुमार रॉय, भवानी चरण दास, हेमचन्द्र सेन, हरेंद्रनाथ दत्त, जी एम दुर्रानी, वसंत देसाई, मोगुबाई कुर्दिकर, गीता दत्त, डी वसंता, डी विमला और एम एस सुब्बुलक्ष्मी, सूरसागर जगमोहन, कमल दासगुप्ता, पंकज मलिक, अनादि दस्तीदार, राजन सरकार की वंदे मातरम की रिकॉर्डिंग उपलब्ध है।

भारतीय गायकों शायद ही कोई गायक और गायिकाएं होंगी जिन्होंने वंदे मातरम गीत न गाया हो।

अल्लाह रक्खा रहमान यानी ए आर रहमान

ऐसा कहा जाता है कि सन् 1997 में जब ए एस दिलीप कुमार उर्फ ए आर रहमान स्क्रीन पुरस्कार समारोह में भाग लेने के लिए मुंबई गए थे तब उनकी मुलाकात उनके बचपन के दोस्त भरत बाला से हुई। इस बैठक के दौरान दोनों ने सन् 1997 में भारतीय स्वतंत्रता के 50 वर्षों के उपलक्ष्य में एक एल्बम के प्रस्ताव पर चर्चा की थी।

गीत मां तुझे सलाम

आ आ आ आ आ
वंदे मातरम वंदे मातरम
वंदे मातरम वंदे मातरम (माँ आ आ आ)
वंदे मातरम वंदे मातरम
वंदे मातरम वंदे मातरम
यहाँ वहाँ सारा जहां देख लिया है
कहीं भी तेरे जैसा कोई नहीं है
अस्सी नहीं, सौ दिन दुनिया घूमा है
नहीं कहीं तेरे जैसा कोई नहीं
मैं गया जहाँ भी
बस तेरी याद थी
जो मेरे साथ थी
मुझको तड़पाती, रुलाती
सबसे प्यारी तेरी सूरत
प्यार है बस तेरा, प्यार ही
माँ तुझे सलाम
माँ तुझे सलाम
मम्मा तुझे सलाम
वंदे मातरम (वंदे मातरम)
वंदे मातरम (वंदे मातरम)
वंदे मातरम वंदे मातरम
वंदे मातरम वंदे मातरम
वंदे मातरम वंदे मातरम
जहाँ तू है वहाँ मैं, तेरा हूँ दीवाना मैं

झूमूँ, नाचूँ, गाऊँ तेरे प्यार का तराना मैं
चंदा नहीं, सूरज नहीं, दुनिया की दौलत नहीं
बस लूटूँगा तेरे प्यार का खज़ाना
इक नज़र जब तेरी
होती है प्यार की
दुनिया तब तो मेरी चमके दमके महके रे
तेरा चेहरा सूरज जैसा, चाँद सी ठण्ड है प्यार में
वंदे मातरम (वंदे मातरम)
वंदे मातरम (वंदे मातरम)
वंदे मातरम वंदे मातरम वंदे मातरम
वंदे मातरम वंदे मातरम
तेरे पास ही मैं आ रहा हूँ
अपनी बाहें खोल दे
ज़ोर से मुझको गले लगा ले
मुझको फिर वो प्यार दे
माँ आ आ आ आ आ आ तू ही ज़िन्दगी है
तू ही मेरी मोहब्बत है
तेरे ही पैरों में जन्नत है
तू ही दिल, तू जां, अम्मा
माँ तुझे सलाम
माँ तुझे सलाम
मम्मा तुझे सलाम
माँ तुझे सलाम
वंदे मातरम (वंदे मातरम)
वंदे मातरम (वंदे मातरम)(वंदे)
वंदे मातरम (वंदे मातरम)(वंदे)
वंदे मातरम (वंदे मातरम)(वंदे)
वंदे मातरम वंदे मातरम (वंदे वंदे)
वंदे मातरम वंदे मातरम (वंदे मातरम वंदे मातरम)
वंदे मातरम वंदे मातरम

वंदे मातरम वंदे मातरम
वंदे मातरम वंदे मातरम

सन् 1997 में स्वतंत्रता के पचासवें वर्ष के अवसर पर ए आर रहमान ने वंदे मातरम गीत को एक नए अंदाज में पेश किया। यह सोनी म्यूजिक इंडिया का अब तक का सबसे ज्यादा बिकने वाला गैर-फिल्मी एल्बम है। इसे सोनी के म्यूजिक लेबल कोलंबिया रिकॉर्ड्स और एस एम ई रिकॉर्ड्स द्वारा 12 अगस्त 1997 को रिलीज किया गया था। नाम दिया गया- "माँ तुझे सलाम"। भारत में रिलीज हुई एल्बम में केवल 7 गाने थे। अंतरराष्ट्रीय रिलीज़ में दो अतिरिक्त गाने "मासूम" और "मुसाफिर" और जोड़ दिए गए थे। ए आर रहमान ने स्वयं गाया और संगीतबद्ध भी किया। यह गीत इतना लोकप्रिय हुआ कि इस गीत ने सबसे अधिक भाषाओं में गाए जाने वाले गीत होने के लिए दो गिनीज वर्ल्ड रिकॉर्ड भी बनाए। ए आर रहमान को गिनीज वर्ल्ड रिकॉर्ड प्रमाणपत्र जारी किया। 12 सितंबर, 2010 को ऑकलैंड, सीए, यूएसए में उनके संगीत कार्यक्रम के बाद औपचारिक रूप से रहमान को प्रदान किया गया था। इस एल्बम ने सर्वश्रेष्ठ गैर-फिल्मी एल्बम के लिए सन् 1998 स्क्रीन वीडियोकॉन पुरस्कार जीता। इसमें "गुरु ऑफ पीस" भी शामिल है जिसे रहमान ने दिवंगत पाकिस्तानी कव्वाली गायक नुसरत फ़तेह अली खान के साथ रिकॉर्ड किया था। एल्बम के रिलीज होने के 4 दिन बाद ही उनकी मृत्यु हो गई थी।

ए आर रहमान ने 14 अगस्त, 1997 को भारत की स्वतंत्रता की स्वर्ण जयंती की पूर्व संध्या पर नई दिल्ली के विजय चौक पर एक खचाखच भरे दर्शकों के सामने "मां तुझे सलाम" गीत पेश कर सभी को मंत्रमुग्ध कर दिया था। इस कार्यक्रम में भारत के तत्कालीन प्रधानमंत्री इंद्र कुमार गुजराल भी शामिल थे।

"माँ तुझे सलाम" आमतौर पर भारत की राष्ट्रीय खेल टीमों द्वारा राष्ट्रगान के रूप में इस्तेमाल किया जाता है। इसे भारत की राष्ट्रीय क्रिकेट टीम के लिए विशेष रूप से प्रतिष्ठित माना जाता है क्योंकि क्रिकेट देश में दर्शकों के बीच सबसे लोकप्रिय खेल है। इस गीत का देशभक्तिपूर्ण विषय सभी को एकजुट करने, मनोबल बढ़ाने और टीम और देश के प्रति गौरव का प्रतिनिधित्व करने में मदद करता है। इसे अक्सर मैचों, समारोहों, आयोजनों में बजाया जाता है और वीडियो पैकेज में इस्तेमाल किया जाता है।

वानखेड़े में भारत बनाम न्यूजीलैंड के दौरान 30,000 से अधिक प्रशंसकों ने वंदे मातरम गाया। विश्व कप जीतना अपने आप में एक बड़ी उपलब्धि है, लेकिन 30 जून को टी20 विश्व कप जीतना भारत के लिए कई मायनों में इससे भी कहीं ज्यादा मायने रखता

है। यह जीत टीम इंडिया की 11 सालों में पहली आईसीसी जीत थी। यह 13 सालों के बाद पहला अंतरराष्ट्रीय खिताब भी था। इसके अलावा, भारत ने आखिरी बार टी 20 चैंपियनशिप 17 साल पहले 2007 में जीती थी। विराट कोहली और टीम ने खचाखच भरे वानखेड़े स्टेडियम में गाया- माँ तुझे सलाम...।

रहमान के प्रसिद्ध गीत 'मां तुझे सलाम' पर चार साल की बच्ची द्वारा गाए गए गीत को देशभर में सोशल मीडिया पर खूब सराहना मिली और पेशकश ने प्रधानमंत्री नरेंद्र मोदी का भी ध्यान आकर्षित किया। मिजोरम के लुंगलेई जिले की चार वर्षीय प्रीस्कूल एस्तेर हनमटे ने गाने में ऊंचे सुरों को लगभग पूरी तरह से निभाया। मिज़ोरम के मुख्यमंत्री ज़ोरमथांगा द्वारा पोस्ट किए गए एक वीडियो को साझा करते हुए प्रधानमंत्री नरेंद्र मोदी ने ट्वीट किया-

"मनमोहक और प्रशंसनीय! इस प्रस्तुति के लिए एस्तेर हनमटे पर गर्व है।"

वंदे मातरम के अनेक ऑडियो और वीडियो एल्बम जारी किए गए हैं। सोसाइटी ऑफ इंडियन रिकॉर्ड कलेक्टर्स, मुंबई ने पिछले सौ वर्षों में रिकॉर्ड किए गए वंदे मातरम के लगभग सौ विभिन्न संस्करणों का पता लगाया है। यह संस्करण रवींद्रनाथ टैगोर की आवाजों से लेकर ए आर रहमान तक के हैं। उपलब्ध रिकॉर्डिंग के आधार पर सुरेश चांदवणकर ने इस सदाबहार गीत के संगीत पहलुओं को नोट करने और रिकॉर्ड करने का प्रयास किया है।

❒

अध्याय-19

लयबद्ध संगीत

एक अन्य राजनीतिक कार्यकर्ता और स्वतंत्रता सेनानी के बी सुन्दरम्बल ने ग्रामोफोन का इस्तेमाल करके अपनी संगीत प्रतिभा को कुछ भावपूर्ण देशभक्ति गीतों के माध्यम से रिकॉर्ड किया। जो चार्टबस्टर बन गए। पहला ट्रैक "वीरा सुथंथिरम", स्वतंत्रता संग्राम के उन सभी योद्धाओं के लिए एक आह्वान है जिनके होठों पर वंदे मातरम का पवित्र मंत्र था। दूसरा ट्रैक एक शोकगीत है जिसे उन्होंने सन् 1931 में मोतीलाल नेहरू के निधन पर रचा था। यह पूरे दक्षिण भारत में सबसे ज्यादा बिकने वाला रिकॉर्ड बन गया।

वंदे मातरम गीत से प्रेम करने वाले देशभक्त 'सोसाइटी ऑफ इंडियन रिकॉर्ड कलेक्टर्स्' के मानद सचिव, सुरेश चांदवणकर नामक व्यक्ति के प्रति कृतज्ञता के ऋणी हैं। वह पेशे से एक वैज्ञानिक थे। भारत के एक प्रमुख ऑडियो अभिलेखागार थे। "द रिकॉर्ड न्यूज़" पत्रिका के संपादक के रूप में पुराने ग्रामोफोन रिकॉर्डों और ध्वनि इतिहास को संरक्षित करने में महत्वपूर्ण भूमिका निभाई। पुराने तथा दुर्लभ ग्रामोफोन रिकॉर्डों का संग्रह उनका शौक है। इंटरनेट पर "वंदे मातरम, एक सर्वाधिक लोकप्रिय और सदाबहार भारतीय गीत" शीर्षक से प्रकाशित एक शानदार लेख में उन्होंने इस सदाबहार, विवादास्पद और पवित्र गीत के विभिन्न पहलुओं का पता लगाया है, जिसे बंगाली लोग वंदे मातरम कहते हैं जबकि अन्य सभी राज्यों के भारतीय इसे वंदे मातरम कहते हैं। उनका 2024 में निधन हो गया।

1982 में महेंद्र कपूर ने 45 आरपीएम की एक डिस्क तैयार की, जिसमें उन्होंने दोनों गानों को कोरस में गाया है।

अनेक संगीतकारों, रचनाकारों और गायकों ने इस गीत को विभिन्न शैलियों और रूपों में पुनः प्रस्तुत किया है। गुरु केलुचरण महापात्र ने एलिफेंटा महोत्सव के दौरान वंदे मातरम पर आधारित एक बैले का मंचन किया था और इस गीत को उस्ताद राशिद खान ने गाया था। मुंबई के सेंट जेवियर्स कॉलेज में भारतीय संगीत समूह के एक संगीत कार्यक्रम में

पंडित राम नारायण ने एक गायन के समापन में इसे सारंगी पर बजाया था। अनूप जलोटा ने इसे देशभक्ति गीतों के अपने नवीनतम एल्बम में गाया है। 15 अगस्त, 2000 को हिंदुकुश ने साधना सरगम की आवाज में एक नया वीडियो एल्बम वंदे मातरम रिलीज किया।

फिल्म जगत

सन् 1913 में भारत ने आधुनिक जगत की एक नई विधा में प्रवेश किया। यह विधा थी चलचित्र। मनोरंजन की विधा। दादा साहेब फाल्के द्वारा निर्मित पहली भारतीय फीचर फिल्म 'राजा हरिश्चंद्र' सन् 1913 में प्रदर्शित हुई। इस फिल्म से भारत में चलचित्र युग शुरू हुआ। 'राजा हरिश्चंद्र एक मूक फिल्म थी। फिल्म विशेषज्ञों का मानना है कि इस फिल्म से पहले 1890 के दशक में लुमियर ब्रदर्स की फिल्में आईं और सन् 1912 में 'पुंडलिक' जैसी कुछ फिल्में बन चुकी थीं किंतु 'राजा हरिश्चंद्र' को पहली पूर्ण-लंबाई वाली भारतीय फीचर फिल्म थी।

गुलाम भारत में चलचित्र उद्योग का शुभारंभ हुआ। इस दौर में मूक फिल्मों का निर्माण हुआ। लगभग 18 वर्ष मूक फिल्मों का दौर रहा। इसके बाद 14 मार्च, 1931 में अर्देशिर ईरानी द्वारा निर्देशित बोलती फिल्म "आलम आरा" के भारतीय फिल्म उद्योग में क्रांतिकारी परिवर्तन हुआ। यह पहली भारतीय 'टॉकी' फिल्म थी। इसके बाद देशभर में सिनेमा घरों को 'टाकीज' कहा जाने लगा।

नई विधा ने देशभक्तों को आकर्षित किया। ब्रिटिश हुकूमत ने चलचित्र के प्रति बढ़ते आकर्षण को देखते हुए चलचित्र प्रमाणन यानी फिल्म सेंसर बोर्ड बना दिया। देश में किसी भी भाषा में बनने वाले चलचित्र को फिल्म सेंसर बोर्ड के समक्ष पेश करके प्रमाण पत्र लेना अनिवार्य कर दिया। यही कारण है कि आजादी से पहले 'वंदे मातरम' शब्द का इस्तेमाल देशभक्ति के चलचित्रों में ब्रिटिश सेंसरशिप के कारण सीधे तौर पर नहीं हो पाया। कुलबुलाहट थी। सन् 1905 में हीरालाल जैन की भारत के पहले राजकीय चलचित्र में 'वंदे मातरम' का प्रयोग किया गया था। यह चलचित्र हिंदी में नहीं था। ब्रिटिश सेंसरशिप के कारण इसका सीधा प्रयोग सीमित था। भारतीय चलचित्र निर्माताओं और निर्देशकों ने भारतीय संस्कृति और इतिहास को अपने चलचित्रों का विषय बनाया। देशभक्तों को इन विषयों के माध्यम से संदेश दिया गया।

सन् 1926 में चलचित्र भक्त प्रह्लाद एक शुरुआती ऐतिहासिक ड्रामा था। यह मूक चलचित्र था। इसके बाद बोलती फिल्मों का युग शुरू हुआ। स्वतंत्रता संग्राम और राष्ट्रीय भावना को जगाने वाली फिल्में 'वीर अभिमन्यु' सन् 1932 में प्रदर्शित की गई। सामाजिक छुआछूत के मुद्दे पर बनी फिल्म 'अछूत कन्या' सन् 1936 में आई। सन् 1937 में 'किसान

कन्या' ने भारतीय दर्शकों को पहली बार रंगों का अनुभव कराया और भविष्य के भारतीय रंगीन सिनेमा के लिए मार्ग प्रशस्त किया। यह अर्देशिर ईरानी द्वारा निर्देशित थी। इसके बाद वी शांताराम की रंगीन फिल्म 'दुनिया ना माने' सन् 1937 में ही प्रदर्शित हुई। सन् 1938 स्वतंत्रता संग्राम की पृष्ठभूमि पर बनी "भाभी" एक उल्लेखनीय फिल्म है। जिसमें ब्रिटिश शासन के खिलाफ गुस्सा दिखाया है। उस समय अनेक ब्रिटिश फिल्में भी आईं जो भारतीय स्वतंत्रता सेनानियों को नकारात्मक रूप में दिखाती थी। इसमें सन् 1938 में आई फिल्म "द ड्रम" प्रमुख है। फिल्म ब्रैंडी की बोतल शराबबंदी पर आधारित थी और सरदार वल्लभभाई पटेल जैसे नेताओं द्वारा समर्थित थी। यह फिल्म सन् 1939 में आई। महबूब खान द्वारा निर्देशित वतन, एक ही रास्ता, औरत सन् 1938-1940 के बीच देशवासियों को देखने को मिली। सोहराब मोदी की भव्य ऐतिहासिक फिल्में सिकंदर, पुकार, पृथ्वी वल्लभ सन् 1940 में प्रदर्शित हुईं। सामाजिक यथार्थवाद पर केंद्रित फिल्म धरती के लाल सन् 1946 में आई। यह के.ए. अब्बास की फिल्म थी। सन् 1943 विजय भट्ट की रामराज्य बेहद लोकप्रिय हुई। फिल्म नीचा नगर पहली फिल्म थी जिसने कांस फिल्म फेस्टिवल में पुरस्कार जीता था। चेतन आनंद की यह फिल्म सन् 1946 में प्रदर्शित हुई थी। आजादी के बाद 1948 में राम गबाले की मराठी फिल्म 'वंदे मातरम' प्रदर्शित हुई। इस फिल्म में 'वंदे मातरम' नाम का उपयोग किया गया और इसमें 'वेदमंत्राहून वंद्य' जैसे गीत लोकप्रिय हुए। लेकिन मूल गीत का स्पष्ट उल्लेख नहीं था। इस तरह फिल्म निर्माता निर्देशकों ने ब्रिटिश हुकूमत के प्रति अपना गुस्सा प्रदर्शित किया।

1947 में वंदे मातरम गीत हिंदी फीचर फिल्म 'अमर आशा' में शामिल किया गया था। इस फिल्म का ग्रामोफोन रिकॉर्ड नहीं काटा गया था। फिल्म रील अब उपलब्ध नहीं हैं, इसलिए विवरण और धुन इतिहास में खो गए हैं। पन्नालाल घोष ने 1951 में फिल्म 'आंदोलन' के लिए एक विशिष्ट बंगाली लोक मुहावरे में धुन तैयार की। उसे मन्ना डे, पारुल घोष, सुधा मल्होत्रा और शैलेश कुमार ने गाया है।

'वंदे मातरम' गीत को साल 1952 में आई फिल्म 'आनंदमठ' में पहली बार शामिल किया गया था। लता मंगेशकर ने इसे गाया था और इसकी धुन को एक नए धागे में हेमंत कुमार ने पिरोया। इसके बाद सुरों की मलिका लता मंगेशकर ने साल 1998 में अपनी आवाज में एक बार फिर से इस गीत को नया आयाम दिया। लता मंगेशकर ने इस गाने में कुछ लाइनों को जोड़ा और उसकी धुन को अपनाते हुए गाया। आनंदमठ बंगाली और हिंदी दोनों में बनी थी। यह धुन आज भी बहुत प्रसिद्ध और लोकप्रिय है। यह राग मालकौंस और भैरवी के मिश्रण से बना है और अत्यधिक प्रेरणादायक है।

हेमंत कुमार और कोरस ने बंगाली फिल्म 'महा विप्लवी अरबिंदो' में प्रमुख मृदंग संगत के साथ आरती शैली में इसे गाया है। नौशाद ने संगीत दिया था। कोई ग्रामोफोन रिकॉर्ड नहीं काटा गया था और गायकों की पहचान नहीं की गई थी। यह एक बहुत ही सरल मार्चिंग धुन है।

सन् 1997 में उषा उत्थुप ने इसे श्याम बेनेगल की फिल्म 'मेकिंग ऑफ़ द महात्मा' में वनराज भाटिया द्वारा तैयार की गई धुन पर गाया था। यह पॉप संगीत जैसी शैली में रची गई धुन है, और इस सदी के पहले दशक में दक्षिण अफ्रीका में गांधीजी की प्रसिद्ध लंबी पदयात्रा के दौरान पृष्ठभूमि संगीत के रूप में इस्तेमाल की गई थी, जहां यह थोड़ी पुरानी लगती है।

सन् 1951 से लेकर साल 2012 तक इस गाने की धुनों पर बॉलीवुड के कई गायकों का जादू चला। जिसमें सोनू निगम, सुनिधि चौहान और शंकर महादेवन का नाम शामिल है।

हिंदी फिल्मों के अतिरिक्त "वंदे मातरम" गीत का उपयोग कई अन्य भाषाओं की फिल्मों में भी किया गया है, जैसे कि तमिल, तेलुगु, कन्नड़, मलयालम, और अंग्रेजी। हिंदी फिल्मों के अलावा, "वंदे मातरम" गीत का उपयोग कई अन्य भाषाओं की फिल्मों में भी किया गया है, जैसे कि तमिल, तेलुगु, कन्नड़, मलयालम, और अंग्रेजी।

इस गीत का इस्तेमाल कई फिल्मों में किया गया है, विशेष रूप से आनंदमठ(1952; उपन्यास आनंदमठ का हिंदी रूपांतरण) में इस संस्करण की रचना और गायन हेमंत कुमार ने किया था। इस गीत के आधुनिक संस्करणों में "माँ तुझे सलाम" शामिल है, जो ए आर रहमान की एक लोकप्रिय रचना है, जिसमें वंदे मातरम शब्द को एक राग के रूप में इस्तेमाल किया गया है।

हाल के वर्षों में वंदे मातरम के कुछ ऑडियो/वीडियो एल्बम जारी किए गए हैं। सोसाइटी ऑफ इंडियन रिकॉर्ड कलेक्टरस्, एक मुंबई स्थित संगठन, ने पिछले सौ वर्षों में रिकॉर्ड किए गए वंदे मातरम के लगभग सौ विभिन्न संस्करणों का पता लगाया है। ये संस्करण रवींद्रनाथ टैगोर की आवाजों से लेकर ए आर रहमान तक के हैं। उपलब्ध रिकॉर्डिंग के आधार पर, सुरेश चांदवणकर ने इस सदाबहार गीत के संगीत पहलुओं को नोट करने और रिकॉर्ड करने का प्रयास किया है।

जोशीले फिल्मी गीत

भारतीय स्वतंत्रता संग्राम को प्रेरित करने वाले फिल्मी गीत भी आजादी के दीवानों को बहुत भाए। भारत का स्वतंत्रता संग्राम राजनीतिक आंदोलनों, सशस्त्र क्रांतियों और जन

हड़तालों तक सीमित नहीं था। कलाकारों, संगीत, लोकगीत , लोकनृत्य, तवायफों आदि ने भी इस संग्राम में महत्वपूर्ण योगदान दिया। 19वीं शताब्दी के दौरान हिंदू और मुस्लिम भिक्षु छावनियों में घूमते हुए अंग्रेजों के विरुद्ध लड़ने वाले राष्ट्रीय नायकों की प्रशंसा में कविताएं गाते थे। बुलंदशहर, मेरठ, अंबाला और वेल्लोर जैसे नगरों में भारतीय सिपाहियों को विद्रोह के लिए उकसाने में गीत एवं लोकगीत महत्वपूर्ण कारक बने। विदेशी शासन के विरुद्ध जनमत बनाने के लिए सार्वजनिक सभाओं में वंदे मातरम और काला-काला का गायन सर्वविदित है।

मोहम्मद रफी सबसे लोकप्रिय पुरुष गायकों में से एक जिन्होंने सन् 1944 में आई फिल्म 'पहले आप' में एक देशभक्ति गीत के साथ अपने करियर की शुरुआत की। नेताजी सुभाष चंद्र बोस के नेतृत्व वाली आजाद हिंद फौज दिल्ली की ओर बढ़ रही थी, भारतीय राजनेता जेल में बंद थे। जिन्ना जैसे विभाजनकारी राजनेता दो-राष्ट्र सिद्धांत का प्रचार कर रहे थे। उसी समय रफी ने डी एन मधोक द्वारा लिखित और नौशाद द्वारा संगीतबद्ध यह गीत गा कर आजादी के दीवानों की हौसला अफजाई की। गीत के बोल हैं -

हिंदुस्तान के हम हैं, हिंदुस्तान हमारा
हिंदू मुस्लिम दोनों की आँखो का तारा
हम हिंदुस्तान के हैं, हिंदुस्तान हमारा है।

गीत में एक और जगह भारतीय सैनिकों का स्पष्ट उल्लेख है। ऐसा प्रतीत होता है कि यह आज़ाद हिंद फौज के सैनिकों के लिए था। गीत के बोल कुछ इस प्रकार हैं -

लो चले सिपाही बन के भारती बन के
अब आये सामने हिम्मत किसकी
हर मैदान जीता, हर मैदान मारा
हिंदू मुस्लिम ने मिलकर जो है ललकारा

(गीत के फिल्मांकन में सैनिक भारतीयों की तरह मार्च कर रहे हैं)

अब कौन आगे खड़े होने की हिम्मत करेगा?
हर युद्धक्षेत्र में जीत हासिल की और विजयी होकर उभरे।
जब हिंदू और मुसलमान एक संयुक्त शक्ति के रूप में लड़े।

भारतीय सेना के रूप में लड़ रहे सैनिकों का उल्लेख और हिंदू-मुस्लिम एकता का संदेश दे रहा है। निस्संदेह यह सुभाष चंद्र बोस के संदेश, मिशन और सेना की ओर इशारा करता प्रतीत हो रहा है।

द्वितीय विश्व युद्ध के समय कवि प्रदीप ने गीत "आज हिमालय की चोटी से फिर हमने ललकारा है" की रचना की। यह गीत फिल्म 'किस्मत' में फिल्माया गया। यह राष्ट्रवादी गीत ब्रिटिश सेंसरशिप से कभी पास नहीं हो पाया। कवि प्रदीप ने गीत के अंत से पहले वाले वाक्य को चतुराई से बदल कर "तुम ना किसी के आगे झुकना जर्मन हो या जापानी" कर दिया। तब ब्रिटिश अधिकारियों को यह विश्वास हो गया कि यह गीत वास्तव में विश्व युद्ध के दौरान जापानी आक्रमण के खिलाफ था। जनता को गीत का संदेश समझ आ गया और यह जल्द ही ब्रिटिश शासन के खिलाफ भारतीयों का गीत बन गया।

कवि प्रदीप ने सन् 1940 में फिल्म 'बंधन' के लिए बेहद लोकप्रिय गीत 'चल चल रे नौजवान' से अपनी एक विशेष पहचान बनाई। इस गीत को राष्ट्रवादी नेताओं ने अपने मार्चिंग गीत के रूप में अपनाया। जब युवा इंदिरा गांधी ने स्वतंत्रता संग्राम के दौरान एक 'बाल दल' का गठन किया तो इसी गीत को उनके मार्चिंग गीत के रूप में चुना गया।

सन् 1943 में रफीक रिजवी द्वारा निर्देशित फिल्म 'कोशिश' में जी एम दुर्रानी द्वारा गाया गया एक गीत था, जो भारतीयों से एकजुट रहने की अपील करता था। गीत के बोल हैं-

हिंदुस्तान वालो, हिंदुस्तान वालो
गीता के वारक उलटो, वेदों को देख डालो
क़ुरान से मशवरा लो, क़ुरान पढ़ने वालो
हे भारतीयों, हे भारतीयों
गीता के पन्ने पलटें, वेदों का अध्ययन करें।
हे कुरान के पाठकों, कुरान से परामर्श करें।

गीत का अंत इस अपील के साथ होता है कि "आपस में लड़ने वालों, गिरता है घर संभालो"

अंजुम पीलीभीती द्वारा लिखित और हाफ़िज़ खान द्वारा संगीतबद्ध गीत- "ये देश हमारा प्यारा, हिंदुस्तान जहां से न्यारा" को नूरजहां ने अपनी आवाज दी। यह गीत सन् 1946 में आई फिल्म 'हमजोली' में फिल्माया गया था।

विशेष आयोजन

सन् 1975 में वंदे मातरम की शताब्दी मनाते हुए बनारस में एक सम्मेलन आयोजित किया गया था। जिसमें इस गीत पर आधारित पुस्तकें, मोनोग्राफ और कार्यवृत्त प्रकाशित किए गए थे। 2000 में पुणे की वंदे मातरम शतकोत्तर रजत जयंती समिति ने इस गीत पर

एक मराठी पुस्तक प्रकाशित की। सोसाइटी ऑफ इंडियन रिकॉर्ड कलेक्टर्स को इस गीत के 100 से ज़्यादा रिकॉर्ड किए गए संस्करण मिले और उन्होंने महाराष्ट्र के विभिन्न आयु वर्ग के श्रोताओं के लिए 20 से ज्यादा सचित्र श्रवण सत्र प्रस्तुत किए।

वंदे मातरम की लोकप्रियता और संगीत की दृष्टि से ऐसा लगता है कि भारतीय इस गीत को अगले 150 वर्षों के बाद भी कभी नहीं भूल पाएंगे। भविष्य और नये संस्करण भी देखने और सुनने को मिलेंगे।

विश्व प्रसिद्ध गीतों की सूची में

अपनी 70वीं वर्षगांठ के उपलक्ष्य में सन् 2002 में बी बी सी ने दुनिया के सभी राष्ट्रगान का एक सर्वेक्षण किया था। 155 देशों के लाखों संगीत प्रेमियों ने इस सर्वेक्षण में भाग लिया। सर्वेक्षण का परिणाम 21 दिसंबर, 2002 को घोषित किया गया। आयरिश राष्ट्रगान "ए नेशन वन्स अगेन" इस सूची में शीर्ष पर रहा। "वंदे मातरम" को दुनिया के शीर्ष दस सबसे प्रसिद्ध गीतों में दूसरा स्थान प्राप्त हुआ।

लोकप्रिय वोट ए आर रहमान द्वारा रचित वंदे मातरम मां तुझे सलाम के एक संस्करण के पक्ष में था।

सन् 2000 में मिलिंद सबनीस द्वारा मराठी में एक पुस्तक वंदे मातरम : एक शोध, पुणे से प्रकाशित हुई थी। यह एक सावधानीपूर्वक शोध किया गया मोनोग्राफ है।

युद्धघोष

भारतीय सेना का युद्धघोष है- "वंदे मातरम", "जय हिंद", "भारत माता की जय", यह नारे रणभूमि में भारतीय सेना के मनोबल को बढ़ाने और राष्ट्रीय भावना जगाने के लिए उपयोग किए जाते हैं।

❐

अध्याय-20

गीत, ग़ज़ल, कविता

वंदे मातरम शब्द का प्रयोग

वंदे मातरम शब्द का प्रयोग करते हुए अनेक रचनाएं प्रकाशित हुई।

राम प्रसाद बिस्मिल

राम प्रसाद बिस्मिल की ग़ज़ल: "क्रांति गीतांजलि" नामक पुस्तक में पृष्ठ 12 पर बिस्मिल द्वारा रचित "वंदे मातरम" ग़ज़ल है।

के बी सुंदरमबल

राजनीतिक कार्यकर्ता और स्वतंत्रता सेनानी के बी सुंदरमबल ने भी "वंदे मातरम" के मंत्र से प्रेरित होकर देशभक्ति के गीत रिकॉर्ड किए, जैसे कि उनका "वीरा सुथंथिरम" ट्रैक, जो स्वतंत्रता संग्राम के योद्धाओं को समर्पित था।

स्वतंत्रता सेनानी, सांसद एवं साहित्यकार नरेश चंद्र चतुर्वेदी ने दो खंडों में प्रकाशित संपादित पुस्तक 'चर्चित राष्ट्रीय गीत' में उन गीतों का संकलन प्रस्तुत किया है जो आजादी के दीवानों ने लिखे और गाए। उन चर्चित राष्ट्रीय गीतों में अनेक ऐसे गीत हैं जिनकी शुरुआत या तो वंदे मातरम शब्द से होती है या गीत का अंत वंदे मातरम शब्द से होता है। कुछ एक गीतों के बीच में भी वंदे मातरम शब्द का प्रयोग किया गया है। यह वंदे मातरम शब्द की लोकप्रियता नहीं तो और क्या है? यह वंदे मातरम शब्द का सम्मान नहीं तो और क्या है?

राय देवी प्रसाद 'पूर्ण' की रचना 'वंदे वंदे मातरम' की शुरुआत ही वंदे मातरम शब्द से होती है। इस गीत में आठ पद हैं-

वन्दे वन्दे मातरम् सदा पूर्ण विनयेन।
श्री देवी परिवन्दिता या निज पुत्र जनेन।।
या निज पुत्र जनेन पूज्या मान्याऽनूपा।

या धृत- भारतवर्ष देश-वसुमती स्वरूपा।।
तामह युत्साहेन शुभे समये स्वच्छन्दे।
वन्दे जनहित करी मातरम् वन्दे वन्दे।।

नरेश चंद्र चतुर्वेदी, राष्ट्रीय चर्चित गीत, खंड एक, प्रथम पद, पृष्ठ 73

वन्दे मातरम् शीर्षक से ब्रजभूषणलाल त्रिपाठी 'निश्चल' की कविता देखिए-

बोलिए सप्रेम बारंबार वन्दे मातरम्!
शीश हिमगिरि मुकुट-मंडित
विंध्य कल कटि-किंकिणी;

कंठ शोभित धवल गंगाहार, वन्दे मातरम्!
रत्नगर्भा वसुमती के
लाल हैं हम लाड़ले;
शिर झुकाता था जिसे संसार, वन्दे मातरम्!

नरेश चंद्र चतुर्वेदी, राष्ट्रीय चर्चित गीत, खंड एक, पृष्ठ 185

नरेश चंद्र चतुर्वेदी ने 'वन्दे मातरम्' शीर्षक की निम्नलिखित कविता को अज्ञात बताया है। विभिन्न सूत्रों से ज्ञात हुआ तो एक नाम सामने आया- बिस्मिल इलाहाबादी। पाठक भी शोध करके इस नाम की पुष्टि करें।

वंदे मातरम

(1)

छीन सकती है नहीं सरकार वन्दे मातरम्।
हम गरीबों के गले का हार वन्दे मातरम्।।

जेल में चक्की घसीटें भूख से हों मर रहे।
उस समय भी कह रहे बेजार वन्दे मातरम्।।

सर चढ़ों के सर में चक्कर उस समय आता जरूर।
कान में पहुंची जहां झनकार वन्दे मातरम्।।

चारपाई पर पड़ा ही कह रहा जल्लाद से।
भोंक दे सीने में वह तलवार वन्दे मातरम्।।

डाक्टरों ने नबज देखी सिर हिला कर कह दिया।
हो गया उसका तो है आजार वन्दे मातरम्।।

जालिमों का जुल्म भी काफूर सा उड़ जायगा।
फैसला होगा सरे दरबार वन्दे मातरम्।।

कौम के खादिम की है, जागीर वन्दे मातरम्।
है वतन के वास्ते, अक्सीर वन्दे मातरम्।।

जालिमों को है उधर, बन्दूक पर अपनी गरूर।
है इधर हम बेकसों का, तीर वन्दे मातरम्।।

कत्ल की हमको न दें, धमकी हमारे सब्र से।
तेग पर हो जायगा, तहरीर वन्दे मातरम्।।

किस तरह भूलूं इसे मैं, जबकि किस्मत में मेरी।
लिख चुका है राकिमें तहरीर वन्दे मातरम्।।

फिक्र क्या जल्लाद ने गर, कत्ल पर बांधी कमर।
रोक देगा दूर से, शमशीर वन्दे मातरम्।।

जुल्म से गर कर दिया, खामोश मुझ को देखना।
बोल उठेगी मेरी, तस्वीर वन्दे मातरम्।।

सरजमीं इंगलैण्ड की, हिल जायगी दो रोज में।
गर दिखायेगी कभी। तासीर वन्दे मातरम्।।

सन्तरी भी मुजतरिब थे, जब कि हर झंकार पर।
बोलती थी जेल में, जंजीर वन्दे मातरम्।।

(3)

हम गरीबों के गले का हार वन्दे मातरम्।
छीन सकती है नहीं सरकार वन्दे मातरम्।।

सरचढ़ों के सर में चक्कर उससे आता है जरूर।
कान में पहुंची जहां झनकार वन्दे मातरम्।।

जेल में चक्की घसीटू, भूख से हूं मर रहा।
उस समय भी कह रहा बेजार वन्दे मातरम्।।

मौत के मुंह पर खड़ा हूं, कह रहा जल्लाद से।
झोंक दे सीने में अब तलवार, वन्दे मातरम्।।

डाक्टरों ने नबज देखी, सर हिलाकर कह दिया।
हो गया इसको तो अब आजार 'वन्दे मातरम्'।।

ईद, होली औ ' दशहरा, शबे-बरात से भी सौ गुना।
है हमारा लाड़िला त्यौहार वन्दे मातरम्।।

जालिमों का जुल्म भी काफूर सा उड़ जाएगा।
फैसला होगा सरे दरबार वन्दे मातरम्।।

नरेश चंद्र चतुर्वेदी, राष्ट्रीय चर्चित गीत, खंड दो, पृष्ठ 241-243

वर्ष 2020 में आई वैश्विक महामारी के समय मैंने स्वयं एक गीत लिखा- 'वयम् रक्षाम वंदे मातरम'

वयम् रक्षाम वंदे मातरम
वयम् रक्षाम वंदे मातरम,
वयम् रक्षाम वंदे मातरम,
माँ के आँचल में हम सबने गुजारा,
अपना बचपन, यौवन और पचपन।
आज बुला रही है मां धरती तुम्हारी,
सारे वचन निभाने की है बारी तुम्हारी।
वंदेमातरम्, वंदेमातरम्, वंदेमातरम्।
आज हमारा नारा है वयम् रक्षाम, वयम् रक्षाम, वयं रक्षाम,
आओ मिलकर बोलें वंदेमातरम्, वंदेमातरम्, वंदेमातरम्।
हम करेंगे रक्षा तुम्हारी, असुरों पर संहार भारी,
मिलकर बोलो वंदेमातरम् वंदेमातरम् वंदेमातरम्।

(पाठकगण निधि फिल्मस् दिल्ली यूट्यूब चैनल पर देख और सुन सकते हैं।)

❒

अध्याय-21

वंदे मातरम पर प्रधानमंत्री के संबोधन का मूल पाठ

7 नवंबर, 2025

वंदे मातरम!

वंदे मातरम!

वंदे मातरम!

वंदे मातरम, ये शब्द एक मंत्र है, एक ऊर्जा है, एक स्वप्न है, एक संकल्प है। वंदे मातरम, ये एक शब्द मां भारती की साधना है, मां भारती की आराधना है। वंदे मातरम, ये एक शब्द हमें इतिहास में ले जाता है। ये हमारे आत्मविश्वास को, हमारे वर्तमान को, आत्मविश्वास से भर देता है, और हमारे भविष्य को ये नया हौसला देता है कि ऐसा कोई संकल्प नहीं, ऐसा कोई संकल्प नहीं जिसकी सिद्धि न हो सके। ऐसा कोई लक्ष्य नहीं, जो हम भारतवासी पा ना सके।

साथियों,

वंदे मातरम के सामूहिक गान का ये अद्भुत अनुभव, ये वाकई अभिव्यक्ति से परे है। इतनी सारी आवाजों में एक लय, एक स्वर, एक भाव, एक जैसा रोमांच, एक जैसा प्रवाह, ऐसा तारतम्य, ऐसी तरंग, इस ऊर्जा ने हृदय को स्पंदित कर दिया है। भावनाओं से भरे इसी माहौल में, मैं अपनी बात को आगे बढ़ा रहा हूं। मंच पर उपस्थित कैबिनेट के मेरे सहयोगी गजेंद्र सिंह शेखावत, दिल्ली के उपराज्यपाल वी। के। सक्सेना, मुख्यमंत्री रेखा गुप्ता जी, अन्य सभी महानुभाव, भाइयों और बहनों।

आज हमारे साथ देश के सभी कोने से लाखों लोग जुड़े हुए हैं, मैं उनको भी मेरी तरफ से वंदे मातरम से शुभकामनाएं देता हूं। आज 7 नवंबर का दिन बहुत ऐतिहासिक है, आज हम वंदे मातरम के 150 वें वर्ष का महा उत्सव मना रहे हैं। ये पुण्य अवसर हमें नई प्रेरणा

देगा, कोटि-कोटि देशवासियों को नई ऊर्जा से भर देगा। इस दिन को इतिहास की तारीख में अंकित करने के लिए आज वंदे मातरम पर एक विशेष कॉइन और डाक टिकट भी जारी किए गए हैं। मैं देश के लक्ष्यवदी महापुरुषों को, मां भारती के संतानों को वंदे मातरम, इस मंत्र के लिए जीवन खपाने के लिए आज श्रद्धापूर्वक नमन करता हूं, और देशवासियों को इस अवसर पर बहुत-बहुत बधाई देता हूं। मैं सभी देशवासियों को वंदे मातरम के 150 वर्ष पूरे होने पर बहुत-बहुत शुभकामनाएं भी देता हूं।

साथियों,

हर गीत, हर काव्य का अपना एक मूल भाव होता है, उसका अपना एक मूल संदेश होता है। वंदे मातरम का मूल भाव क्या है? वंदे मातरम का मूल भाव है- भारत, मां भारती। भारत की शाश्वत संकल्पना, वो संकल्पना जिसने मानवता के प्रथम पहर से खुद को गढ़ना शुरू कर दिया। जिसने युगों-युगों को एक-एक अध्याय के रूप में पढ़ा। अलग-अलग दौर में अलग-अलग राष्ट्रों का निर्माण, अलग-अलग ताकतों का उदय, नई-नई सभ्यताओं का विकास, शून्य से शिखर तक उनकी यात्रा, और शिखर से पुनः शून्य में उनका विलय, बनता बिगड़ता इतिहास, दुनिया का बदलता भूगोल, भारत ने ये सब कुछ देखा है। इंसान की इस अनंत यात्रा से हमने सीखा और समय-समय पर नए निष्कर्ष निकाले। हमने उनके आधार पर अपनी सभ्यता के मूल्यों और आदर्शों को तराशा, उसे गढ़ा। हमने, हमारे पूर्वजों ने, हमारे ऋषियों ने, मुनियों ने, हमारे आचार्यों ने, भगवंतों ने, हमारे देशवासियों ने अपनी एक सांस्कृतिक पहचान बनाई। हमने ताकत और नैतिकता के संतुलन को बराबर समझा। और तब जाकर, भारत एक राष्ट्र के रूप में वो कुन्दन बनकर उभरा जो अतीत की हर चोट सहता भी रहा और सहकर भी अमरत्व को प्राप्त कर गया।

भाइयों-बहनों,

भारत की ये संकल्पना, उसके पीछे की वैचारिक शक्ति है। उठती-गिरती दुनिया से अलग अपना स्वतंत्र अस्तित्व बोध, ये उपलब्धि, और लयबद्ध, लिपिबद्ध होना, लयबद्ध होना, और तब जाकर के ह्रदय की गहराई से, अनुभवों के निचोंड़ से, संवेदनाओं की असीमता को प्राप्त कर करके वंदे मातरम जैसी रचना मिलती है। और इसलिए, गुलामी के उस कालखंड में वंदे मातरम इस संकल्प का उद्घोष बन गया था, और वो उद्घोष था- भारत की आज़ादी का। माँ भारती के हाथों से गुलामी की बेड़ियाँ टूटेंगी, और उसकी संताने स्वयं अपने भाग्य की भाग्य विधाता बनेंगी।

साथियों,

गुरुदेव रवीन्द्रनाथ ठाकुर ने एक बार कहा था- "बंकिमचंद्र की आनंदमठ केवल

उपन्यास नहीं है, ये स्वाधीन भारत का एक स्वप्न है"। आप देखिए, आनंदमठ में वंदे मातरम का प्रसंग, वंदे मातरम की एक-एक पंक्ति के, बंकिम बाबू के एक-एक शब्द के, उसके हर भाव के, अपने गहरे निहितार्थ थे, निहितार्थ हैं। ये गीत गुलामी के कालखंड में रचना तो जरूर हो गई उस समय, लेकिन उसके शब्द कुछ वर्षों की गुलामी के साये में कभी भी कैद नहीं रहें। वो गुलामी की स्मृतियों से आज़ाद रहें। इसलिए, वंदे मातरम हर दौर में, हर कालखंड में प्रासंगिक है, इसने अमरता को प्राप्त किया है। वंदे मातरम की पहली पंक्ति है- "सुजलाम् सुफलाम् मलयज-शीतलाम्, सस्यश्यामलाम् मातरम्।" अर्थात्, प्रकृति के दिव्य वरदान से सुशोभित हमारी सुजलाम् सुफलाम् मातृभूमि को नमन।

साथियों,

यही तो भारत की हजारों साल पुरानी पहचान रही है। यहाँ की नदियां, यहाँ के पहाड़, यहाँ के वन, वृक्ष और यहां की उपजाऊ मिट्टी, ये धरती हमेशा सोना उगलने की ताकत रखती है। सदियों तक दुनिया भारत की समृद्धि की कहानियाँ सुनती रही थी। कुछ ही शताब्दी पहले तक, ग्लोबल GDP का करीब एक चौथाई हिस्सा भारत के पास था।

लेकिन भाइयों-बहनों,

जब बंकिम बाबू ने वंदे मातरम की रचना की थी, तब भारत अपने उस स्वर्णिम दौर से बहुत दूर जा चुका था। विदेशी आक्रमणकारियों ने, उनके हमले, लूटपाट अंग्रेजों की शोषणकारी नीतियां, उस समय हमारा देश गरीबी और भुखमरी के चंगुल में कराह रहा था। तब भी, बंकिम बाबू ने, उस बुरे हालात के स्थितियों में भी, चारों तरफ दर्द था, विनाश था, शोक था, सब कुछ डूबता हुआ नजर आ रहा था, ऐसे समय बंकिम बाबू ने समृद्ध भारत का आह्वान किया। क्योंकि, उन्हें विश्वास था कि मुश्किलें कितनी भी क्यों ना हों, भारत अपने स्वर्णिम दौर को पुनर्जीवित कर सकता है। और इसलिए उन्होंने आह्वान किया, वंदे मातरम।

साथियों,

गुलामी के उस कालखंड में भारत को नीचा और पिछड़ा बताकर जिस तरह अंग्रेज़ अपनी हुकूमत को justify करते थे, इस प्रथम पंक्ति ने उस दुष्प्रचार को पूरी तरह से ध्वस्त करने का काम किया। इसलिए, वंदे मातरम केवल आज़ादी का गान ही नहीं बना, बल्कि आज़ाद भारत कैसा होगा, वंदे मातरम ने वो 'सुजलाम सुफलाम सपना' भी करोड़ों देशवासियों के सामने प्रस्तुत किया।

साथियों,

आज ये दिन हमें वंदे मातरम की असाधारण यात्रा और उसके प्रभाव को जानने का

अवसर भी देता है। जब सन् 1875 में बंकिम बाबू ने बंगदर्शन में "वंदे मातरम"प्रकाशित किया था, तो कुछ लोगों को लगता था कि ये तो केवल एक गीत है। लेकिन, देखते ही देखते वंदे मातरम भारत के स्वतंत्रता संग्राम का, कोटि-कोटि जनों का स्वर बन गया। एक ऐसा स्वर, जो हर क्रांतिकारी की जबान पर था, एक ऐसा स्वर, जो हर भारतीय की भावनाओं को व्यक्त कर रहा था। आप देखिए, आज़ादी की लड़ाई का शायद ही ऐसा कोई अध्याय होगा, जिससे वंदे मातरम किसी न किसी रूप से जुड़ा नहीं था। 1896 में गुरुदेव रवीन्द्रनाथ ठाकुर ने कलकत्ता अधिवेशन में वंदे मातरम गाया। 1905 में बंगाल का विभाजन हुआ। ये देश को बांटने का अंग्रेजों का एक खतरनाक एक्सपेरिमेंट था। लेकिन, वंदे मातरम उन मंसूबों के आगे चट्टान बनकर के खड़ा हो गया। बंगाल के विभाजन के विरोध में सड़कों पर एक ही आवाज़ थी- वंदे मातरम।

साथियों,

बरिसाल अधिवेशन में जब आंदोलनकारियों पर गोलियां चलीं, तब भी उनके होंठों पर वही मंत्र था, वह शब्द थे- वंदे मातरम! भारत के बाहर रहकर आज़ादी के लिए काम कर रहे वीर सावरकर जैसे स्वतंत्र सेनानी, वो जब आपस में मिलते थे, तो उनका अभिवादन वंदे मातरम से ही होता था। कितने ही क्रांतिकारियों ने फांसी के तख्त पर खड़े होकर भी वंदे मातरम बोला था। ऐसी कितनी ही घटनाएँ, इतिहास की कितनी ही तारीखें, इतना बड़ा देश, अलग-अलग प्रांत और इलाके, अलग-अलग भाषा बोलने वाले लोग, उनके आंदोलन, लेकिन जो नारा, जो संकल्प, जो गीत हर जबान पर था, जो गीत हर स्वर में था, वो था- वंदे मातरम।

इसलिए, भाइयों-बहनों,

1927 में महात्मा गांधी ने कहा था- "वंदे मातरम हमारे सामने संपूर्ण भारत का ऐसा चित्र उपस्थित कर देता है, जो अखंड है।"श्री अरबिंदो ने वंदे मातरम को एक गीत से भी आगे, उसे एक मंत्र कहा था। उन्होंने कहा- ये एक ऐसा मंत्र है जो आत्मबल जगाता है। भीकाजी कामा ने भारत का जो ध्वज तैयार करवाया था, उसमें बीच में भी लिखा था- "वंदे मातरम"

साथियों,

हमारा राष्ट्र ध्वज समय के साथ कई बदलावों से गुजरा, लेकिन तब से लेकर आज तक हमारे तिरंगे तक, देश का झंडा जब भी फहराता है, तो हमारे मुंह से अनायास निकला है- भारत माता की जय! वंदे मातरम! इसलिए, आज जब हम उस राष्ट्रगीत के 150 वर्ष मना रहे हैं, तो ये देश के महान नायकों के प्रति हमारी श्रद्धांजलि है। और ये उन लाखों

बलिदानियों को भी श्रद्धापूर्वक नमन है, जो वंदे मातरम का आह्वान करते हुए, फांसी के तख्त पर झूलते हुए, जो वंदे मातरम बोलते हुए, कोड़ों की मार सहते रहे, जो वंदे मातरम का मंत्र जपते हुए बर्फ की सिल्लियों पर अडिग रहे।

साथियों,

आज हम 140 करोड़ देशवासी ऐसे सभी नाम-अनाम-गुमनाम राष्ट्र के लिए जीने-मरने वालों को श्रद्धांजलि देते हैं। जो वंदे मातरम कहते हुए देश के लिए बलिदान हो गए, जिनके नाम इतिहास के पन्नों में कभी दर्ज ही नहीं हो पाए।

साथियों,

हमारे वेदों ने हमें सिखाया है- "माता भूमिः, पुत्रोऽहं पृथिव्याः"॥ अर्थात्, ये धरती हमारी माँ है, ये देश हमारी माँ है। हम इसी की संतानें हैं। भारत के लोगों ने वैदिक काल से ही राष्ट्र की इसी स्वरूप में कल्पना की, इसी स्वरूप में आराधना की है। इसी वैदिक चिंतन से वंदे मातरम ने आज़ादी की लड़ाई में नई चेतना फूंकी।

साथियों,

राष्ट्र को एक geopolitical entity मानने वालों के लिए राष्ट्र को माँ मानने का विचार हैरानी भरा हो सकता है। लेकिन, भारत अलग है। भारत में माँ जननी भी है, और माँ पालनहारिणी भी है। अगर संतान पर संकट आ जाए, तो माँ संहारकारिणी भी है। इसलिए, वंदे मातरम कहता है- अबला केन मा एत बले। बहुबल-धारिणीं नमामि तारिणीं रिपुदल-वारिणीं मातरम्॥ वंदे मातरम, अर्थात् अपार शक्ति धारण करने वाली भारत माँ, संकटों से पार भी कराने वाली, और शत्रुओं का विनाश भी कराने वाली है। राष्ट्र को माँ, और माँ को शक्ति स्वरूपा नारी मानने का ये विचार, इसका एक प्रभाव ये भी हुआ कि हमारा स्वतन्त्रता संग्राम, स्त्री-पुरुष, सबकी भागीदारी का संकल्प बन गया। हम फिर से ऐसे भारत का सपना देख पाये, जिसमें महिलाशक्ति राष्ट्र निर्माण में सबसे आगे खड़ी दिखाई देगी।

साथियों,

वंदे मातरम, आज़ादी के परवानों का तराना होने के साथ ही, इस बात की भी प्रेरणा देता है कि हमें इस आज़ादी की रक्षा कैसे करनी है, बंकिम बाबू के पूरे मूल गीत की पंक्तियाँ हैं- त्वम् हि दुर्गा दशप्रहरण-धारिणी कमला कमल-दल-विहारिणी वाणी विद्यादायिनी, नमामि त्वाम् नमामि कमलाम् अमलां अतुलाम् सुजलां सुफलाम् मातरम्, वंदेमातरम! अर्थात्, भारत माता विद्यादायिनी सरस्वती भी है, समृद्धि दायिनी लक्ष्मी भी हैं, और अस्त्र-शस्त्रों को धारण करने वाली दुर्गा भी हैं। हमें ऐसे ही राष्ट्र का निर्माण करना है, जो ज्ञान,

विज्ञान और टेक्नोलॉजी में शीर्ष पर हो, जो विद्या और विज्ञान की ताकत से समृद्धि के शीर्ष पर हो, और जो राष्ट्रीय सुरक्षा के लिए आत्मनिर्भर भी हो।

साथियों,

बीते वर्षों में दुनिया भारत के इसी स्वरूप का उदय देख रही है। हमने विज्ञान और टेक्नोलॉजी की फील्ड में अभूतपूर्व प्रगति की। हम दुनिया की पांचवी बड़ी अर्थव्यवस्था बनकर उभरे। और, जब दुश्मन ने आतंकवाद के जरिए भारत की सुरक्षा और सम्मान पर हमला करने का दुस्साहस किया, तो पूरी दुनिया ने देखा, नया भारत मानवता की सेवा के लिए अगर कमला और विमला का स्वरूप है, तो आतंक के विनाश के लिए 'दश प्रहरण-धारिणी दुर्गा' भी बनना जानता है।

साथियों,

वंदे मातरम से जुड़ा एक और विषय है, जिसकी चर्चा करना उतना ही आवश्यक है। आज़ादी की लड़ाई में वंदे मातरम की भावना ने पूरे राष्ट्र को प्रकाशित किया था। लेकिन दुर्भाग्य से, 1937 में वंदे मातरम के महत्वपूर्ण पदों को, उसकी आत्मा के एक हिस्से को अलग कर दिया गया था। वंदे मातरम को तोड़ दिया गया था, उसके टुकड़े किए गए थे। वंदे मातरम के इस विभाजन ने देश के विभाजन के बीज भी बो दिये थे। राष्ट्र निर्माण का ये महामंत्र, इसके साथ ये अन्याय क्यों हुआ? ये आज की पीढ़ी को भी जानना जरूरी है। क्योंकि वही विभाजनकारी सोच देश के लिए आज भी चुनौती बनी हुई है।

साथियों,

हमें इस सदी को भारत की सदी बनाना है। ये सामर्थ्य भारत में है, ये सामर्थ्य भारत के 140 करोड़ लोगों में है। हमें इसके लिए खुद पर विश्वास करना होगा। इस संकल्प यात्रा में हमें पथ भ्रमित करने वाले भी मिलेंगे, नकारात्मक सोच वाले लोग हमारे मन में शंका-संदेह पैदा करने का प्रयास भी करेंगे। तब हमें आनंदमठका वो प्रसंग याद करना है, आनंदमठमें जब संतान भवानंद वंदे मातरम गाता है, तो एक दूसरा पात्र तर्क-वितर्क करता है। वह पूछता है कि तुम अकेले क्या कर पाओगे? तब वंदे मातरम से प्रेरणा मिलती है, जिस माता के इतने करोड़ पुत्र-पुत्री हों, उसके करोड़ों हाथ हों, वो माता अबला कैसे हो सकती है? आज तो भारत माता की 140 करोड़ संतान हैं। उसके 280 करोड़ भुजाएं हैं। इनमें से 60 प्रतिशत से भी ज्यादा तो नौजवान हैं। दुनिया का सबसे बड़ा डेमोग्राफिक एडवांटेज हमारे पास है। ये सामर्थ्य इस देश का है, ये सामर्थ्य माँ भारती का है। ऐसा क्या है, जो आज हमारे लिए असंभव है? ऐसा क्या है, जो हमें वंदे मातरम के मूल सपने को पूरा करने से रोक सकता है?

साथियों,

आज आत्मनिर्भर भारत के विज़न की सफलता, मेक इन इंडिया का संकल्प, और 2047 में विकसित भारत के लक्ष्य की ओर बढ़ते हमारे कदम, देश जब ऐसे अभूतपूर्व समय में नई उपलब्धियां हासिल करता है, तो हर देशवासी के मुंह से निकलता है- वंदे मातरम! आज जब भारत चंद्रमा के साउथ पोल पर पहुंचने वाला पहला देश बनता है, जब नए भारत की आहट अंतरिक्ष के सुदूर कोने तक सुनाई देती है, तो हर देशवासी कह उठता है- वंदे मातरम! आज जब हम हमारी बेटियों को स्पेस टेक्नोलॉजी से लेकर स्पोर्ट्स तक में शिखर पर पहुँचते देखते हैं, आज जब हम बेटियों को फाइटर जेट उड़ाते देखते हैं, तो गौरव से भरा हर भारतीय का नारा होता है- वंदे मातरम!

साथियों,

आज ही हमारे फौज के जवानों के लिए वन रैंक वन पेंशन लागू होने के 11 वर्ष हुए हैं। जब हमारी सेनाएं, दुश्मन के नापाक इरादों को कुचल देती हैं, जब आतंकवाद, नक्सलवाद, माओवादी आतंक की कमर तोड़ी जाती है, तो हमारे सुरक्षाबल एक ही मंत्र से प्रेरित होते हैं, और वो मंत्र है – वंदे मातरम!

साथियों,

मां भारती के वंदन की यही स्पिरिट हमें विकसित भारत के लक्ष्य तक ले जाएगी। मुझे विश्वास है, वंदे मातरम का मंत्र, हमारी इस अमृत यात्रा में, माँ भारती की कोटि-कोटि संतानों को निरंतर शक्ति देगा, प्रेरणा देगा। मैं एक बार फिर सभी देशवासियों को वंदे मातरम के 150 वर्ष पूरे होने पर हृदय से बहुत-बहुत बधाई देता हूँ। और देशभर से मेरे साथ जुड़े हुए आप सबसे बहुत-बहुत धन्यवाद करते हुए, मेरे साथ खड़े होकर के पूरी ताकत से, हाथ ऊपर करके बोलिए–

वंदे मातरम! वंदे मातरम!

वंदे मातरम! वंदे मातरम!

वंदे मातरम! वंदे मातरम!

वंदे मातरम! वंदे मातरम!

वंदे मातरम! वंदे मातरम!

बहुत-बहुत धन्यवाद!

वंदे मातरम के 150 वर्ष पूरे होने के उपलक्ष्य में सन् 2025 में आयोजित अनेक राष्ट्रव्यापी कार्यक्रमों में भारतीय जनता पार्टी और संघ से जुड़े लोग भी शामिल हुए। वहां

यह गीत पेश किया गया। महाराष्ट्र के ठाणे में संघ की शाखा द्वारा वंदे मातरम का सामूहिक गायन किया गया।

स्वतंत्रता आंदोलन की आवाज 'वंदे मातरम' के 150 वर्ष पूरे हो गए। प्रधानमंत्री मोदी ने इस अवसर पर डाक टिकट और स्मारक सिक्का जारी किया। इस अवसर पर प्रधानमंत्री नरेंद्र मोदी ने कहा-

"'वंदे मातरम' एक मंत्र है, एक स्वप्न है, एक संकल्प है और एक ऊर्जा है। यह गीत मां भारती की आराधना है। 'वंदे मातरम' भारत की आज़ादी का उद्घोष था और यह हर दौर में प्रासंगिक है।

❐

अध्याय-22

रेडियो वार्ता

प्रधानमंत्री नरेंद्र मोदी के मन की बात में वंदे मातरम पर विचार व्यक्त करने के बाद आकाशवाणी दिल्ली के एक कार्यक्रम पोस्ट बॉक्स नंबर 111 @ 150 वंदे मातरम में एक भेंट वार्ता 9 नवंबर, 2025 को प्रसारित हुई। आकाशवाणी दिल्ली ने वंदे मातरम पर एक घंटे की वार्ता कार्यक्रम सुनिश्चित किया। इस भेंट वार्ता के लिए दिल्ली विश्वविद्यालय से संबद्ध पी जी डी ए वी महाविद्यालय के पूर्व उपप्राचार्य और राजनीति विज्ञान के वरिष्ठ प्रवक्ता डॉ. शिवशंकर अवस्थी और मुझे स्वतंत्र लेखक एवं निर्देशक के रूप में आमंत्रित किया। 7 नवंबर, 2025 को हम लोग ध्वन्यालेखन अर्थात रिकॉर्डिंग के लिए आकाशवाणी भवन पहुंचे। हम दोनों इससे पहले भी आकाशवाणी पर अनेक कार्यक्रम कर चुके हैं। निर्माता शाहनवाज खान और सूत्रधार सुश्री नीलम मलकानिया हम दोनों को रिकॉर्डिंग स्टूडियो में लेकर गये।

स्टूडियो में प्रवेश करते ही सबसे पहले मेरी नजर वहां लगी महात्मा गांधी जी की तस्वीर पर पड़ी।

मैं कुछ पूछता उससे पहले ही सूत्रधार नीलम मलकानिया ने मेरे भाव को समझते हुए बताया- "यह वही स्टूडियो है जहां से स्वतंत्रता के बाद पहली और आखिरी बार महात्मा गांधी जी ने अपना संदेश दिया था।"

महात्मा गांधी 12 नवंबर, 1947 को पहली बार दिल्ली आकाशवाणी भवन आए थे। उस दिन उन्होंने देश को संबोधित किया था। महात्मा गांधी करीब 3 बजे आकाशवाणी भवन पहुंचे थे। उनके साथ केन्द्रीय स्वास्थ्य मंत्री राजकुमारी अमृत कौर भी आईं थीं।

गांधी जी को 11 नवंबर, 1947 को कुरुक्षेत्र में पाकिस्तान के झंग और मुल्तान से आए लाखों लोगों से मिलने जाना था। इसी दिन महात्मा गांधी को कांग्रेस की एक अहम बैठक में भाग लेना था। इस कारण से उन्होंने अपना कुरुक्षेत्र जाने का कार्यक्रम रद्द कर दिया था। कुरुक्षेत्र में मौजूद हिन्दुस्तानी परिवारों से महात्मा गांधी भेंट करने के लिए आतुर थे। महात्मा गांधी जी भी जाना चाहते थे। व्यस्तता और विवशता के कारण मुमकिन नहीं हो पा रहा था। महात्मा गांधी को सुझाव दिया गया कि आकाशवाणी के माध्यम से आप कुरुक्षेत्र में मौजूद विस्थापित परिवारों को संबोधित कर सकते हैं। इससे वह लोग भी प्रसन्न हो जाएंगे और आपकी बात भी उन तक पहुंच जाएगी।

12 नवंबर को गांधी जी ने अपनी बात कहने के लिए आकाशवाणी का सहारा लिया। गांधीजी ने अपने संदेश का श्रीगणेश यह कहकर किया कि उन्हें यह माध्यम (रेडियो) अच्छा नहीं लगता। इसलिए उन्होंने रेडियो का उपयोग इससे पहले करने में कोई दिलचस्पी नहीं दिखाई थी। संयोग से उस दिन दीपावली भी थी। उन्होंने विस्थापित परिवारों को दीपोत्सव की बधाई देते हुए कहा- ***"आप लोगों के कष्ट शीघ्र ही दूर हो जाएंगे। आप सब धैर्य से काम लें। मुझे मालूम है कि आपके सामने एक बड़ी विपत्ति आई हुई है।"***

महात्मा गांधी के प्रथम प्रसारण के अंश-
मेरे दुखी भाइयों और बहनों... मुझे कुछ पता नहीं है कि सिवाय आपके मुझको कोई सुनता भी है या नहीं... यह अनुभव मेरी ज़िंदगी में मेरे लिए दूसरा है... पहला अनुभव इंग्लैंड में हुआ जब मैं राउंड टेबल

कांफ्रेंस में गया... मैं तो एक अनजान पुरुष हूँ, मैं कोई दिलचस्पी भी नहीं लेता, लेकिन दुख के साथ मिल जाना, यह तो मेरा जीवन भर का प्रयत्न है... जब मैंने यह सुना कि आप लोगों में करीब ढाई लाख रिफ्यूजी पड़े हैं और मैंने यह सुना कि अभी भी लोग आते ही रहते हैं, तो मुझको बड़ा दुख हुआ... मुझको ठेस लगी और मुझको एहसास हुआ कि मैं आपके पास पहुँच जाऊँ... आने वाला तो कल था, लेकिन यह हो नहीं सकता था... तो मैं तो आपके पास आने की कोशिश कर रहा हूँ... मैंने कुछ भी हिंदुस्तान की सेवा की है या तो कहूँ जगत की, क्योंकि मेरे पास हिंदुस्तान और जगत कोई अनोखी चीज़ नहीं है... अगर हिंदुस्तान की सेवा करता, तो उसके मार्फत भी सारे जगत की सेवा करना, यह मेरा जीवन भर का मंत्र है।"

महात्मा गांधी के रेडियो से सीधे प्रसारण की स्मृति में 12 नवंबर हर साल लोक सेवा प्रसारण दिवस मनाया जाता है। इतना ही नहीं बल्कि आकाशवाणी के उस स्टूडियो को महात्मा गांधी को समर्पित किया गया है। डॉ. शिवशंकर अवस्थी और मेरे लिए यह सौभाग्य का विषय था कि हम वंदे मातरम वार्ता के लिए उसी स्टूडियो में उपस्थित थे जहां से महात्मा गांधी जी ने कुरुक्षेत्र में मौजूद परिवारों को संबोधित किया था।

आज इस स्टुडियो में वह सभी यंत्र सुरक्षित है जिनका उपयोग महात्मा गांधी ने अपने सीधे प्रसारण में किया था। यह हमारे लिए गर्व की बात है। इसके साथ विधि का विधान था कि महात्मा गांधी जी ने 12 नवंबर, 1947 को इस स्टूडियो से संदेश दिया था और डॉ. शिवशंकर अवस्थी और मैं 7 नवंबर, 2025 को इस स्टूडियो में वंदे मातरम गीत पर अपने

विचार व्यक्त करने के लिए उपस्थित थे। दोनों बार नवंबर का ही महीना था। हमें लगभग दो-सवा दो घंटे इस स्टुडियो में बैठकर रिकॉर्डिंग करने का अवसर मिला।

डॉ. शिवशंकर अवस्थी ने वंदे मातरम गीत के ऐतिहासिक और राजनीतिक परिपेक्ष्य पर प्रकाश डाला और मैंने वंदे मातरम गीत के सांस्कृतिक, धार्मिक भावनाओं, सामाजिक स्वरूप सहित एक सौ पचास वर्ष की यात्रा को श्रोताओं तक पहुंचाने का प्रयास किया। पाठक गण यह कार्यक्रम यूट्यूब चैनल पर सुन सकते हैं।

महात्मा गांधी जी को समर्पित रिकॉर्डिंग स्टूडियो में बैठकर वंदे मातरम गीत पर विचार व्यक्त करना आपने आप गौरवान्वित महसूस करने वाला पल था। डॉ. शिवशंकर अवस्थी और मैं सूत्रधार नीलम मलकानिया के प्रश्नों का उत्तर आत्मविश्वास भरे शब्दों में देते रहे। मुझे यह महसूस हो रहा था मानो मैं स्वयं महात्मा गांधी जी के समक्ष बैठकर अपनी बात कह रहा हूं। इन गौरवशाली क्षणों के लिए डॉ. शिवशंकर अवस्थी और मैंने आकाशवाणी परिवार का हार्दिक धन्यवाद दिया।

❐

परिशिष्ट

परिशिष्ट: एक

ध्वनि मुद्रिका और वंदे मातरम

'ध्वनि मुद्रिका' पर वंदे मातरम

ग्रामोफोन रिकॉर्ड और कैसेट

सीरियल नंबर/कंपनी, लेबल/रिकॉर्ड नंबर (वर्ष)/गायक और अन्य विवरण

1. निकोल रिकॉर्ड्स/सी 465 (सी.1905)/नारायण चंद्र मुखर्जी
2. निकोल रिकॉर्ड्स/सी 436 (लगभग 1907)/नारायण चंद्र मुखर्जी
3. एच. बोस का सिलेंडर रिकॉर्ड/250 (लगभग 1906)/रवींद्रनाथ टैगोर (कॉन्सर्ट आकार)
4. एच.बोस का सिलेंडर रिकॉर्ड/एस 250 (सी.1906)/सेवक संप्रदाय (मानक आकार)
5. पाथे/एच. बोस का दो तरफा ऊर्ध्वाधर कट रिकॉर्ड/3511 (सी.1908)/रवींद्रनाथ टैगोर
6. पाथे/एच.बोस का दो तरफा ऊर्ध्वाधर कट रिकॉर्ड/3512 (सी.1908)/सेवक संप्रदाय
7. एच. बोस का रिकॉर्ड/पाथे/36-250 (सी.1908)/रवींद्रनाथ टैगोर (मानक आकार रिकॉर्ड- 250 मिली।)
8. एच. बोस का रिकॉर्ड/पाथे/36-350 (सी.1908)/रवींद्रनाथ टैगोर (कॉन्सर्ट आकार रिकॉर्ड- 150 मिली)
9. ग्रामोफोन मोनार्क रिकॉर्ड (12")/012112 (1906)/आर एन बोस
10. ग्रामोफोन कॉन्सर्ट रिकॉर्ड (10")/5- 12638 (1906)/नारायण चंद्र मुखर्जी

11. ग्रामोफोन कॉन्सर्ट रिकॉर्ड (10")/5- 12639 (1906)/नारायण चंद्र मुखर्जी
12. नेशनल ग्रैंड रिकॉर्ड/20290/बाबू सुरेंद्रनाथ बनर्जी
13. बेका ग्रैंड रिकॉर्ड/21125 (1908)/बाबू हेम चंद्र सेन
14. राष्ट्रीय रिकॉर्ड/462/541 (1907)/नारायण चंद्र मुखर्जी
15. ओडियन रिकॉर्ड (10 3/4")/94131 (1911)/सत्य भूषण गुप्ता vande6|gif-18|59 K
16. विएल-ओ-फोन रिकॉर्ड/टी 6003 (1912)/देश दास
16 ए. वील-ओ-फोन रिकॉर्ड/वी.आर। 1567 [1073-74] राग देश- दो भागों में पूरा गीत।
17. फोन-ओ-फोन रिकॉर्डिंग 438/1029 (सी.1910)/सांवलाराम बोआ, मुंबई/राग कलिंगडा में गाया गया।
18. बिना पानी अभिलेख/केवल समाचार पत्र विज्ञापन (1908)। वास्तविक अभिलेख नहीं देखा गया। vande 4.gif- 21.03 K19] एचएमवी/पी 5182 (सी.1920)/ हरेंद्र नाथ दत्त
20. हिंदुस्तान रिकॉर्ड/एच 570 (सी.1940)/प्रोवा रॉय, जय दास, विजया देवी, धीरेन गुप्ता, हरिपदा चटर्जी।- डॉ. रवीन्द्रनाथ टैगोर द्वारा विशेष रूप से प्रशिक्षित। एसजे द्वारा संगीत निर्देशन। हरिपदा चटर्जी।
21. मेगाफोन रिकॉर्ड कंपनी/जेएनजी 5224 (सी.1935)/भबानी चरण दास- दो भागों में - मैट्रिक्स संख्या- डीएमसी 8661/8662।
22. एचएमवी/एन 6944 (सी.1950) मैट्रिक्स नंबर- ओएमसी 8468/मातृस्वक दल- संगीत कमल दास गुप्ता द्वारा
23. आनंद बाजार, हिंदुस्तान रिकॉर्ड (12")/एएचआर 1 (सी.1938)/राग दुर्गा में कोरस। तिमिर बरन द्वारा संगीत।
24. कोलंबिया जीई 3132 (सी.1935)/पंडित ओंकारनाथ ठाकुर- राग बंगिया काफी
25. कोलंबिया बीईएक्स 201 (12") [सी.1935]/पं. ओंकारनाथ ठाकुर
26. कोलंबिया 7 ईपीई 4227 (सी.1965)/पं. ओंकारनाथ ठाकुर [पुनर्प्रकाशित]
27. रिदम हाउस क्लासिक 240 361 (सी.1990)/मुंबई में लाइव रिकॉर्डिंग सी.1960.
28. यंग इंडिया टी एम 8463 (सी.1948)/एन.आर.भट्टाचार्य एंड पार्टी
29. यंग इंडिया टी एम 8474 (लगभग 1948)/भाग 1- तुरही, झाँझ और पियानो, भाग 2 - शिंग और चौघड़ा। संगीत- श्री वसंत देसाई

30. यंग इंडिया TM 8475 (C.1948)/पक्ष 1- श्री वसंत देसाई द्वारा गाया और संगीतबद्ध
31. यंग इंडिया टीएम 8476 (सी.1948)/भाग 1- शिंग और चौघड़ा, भाग 2- नाट्य-नाट्यों में प्रयोग के लिए। धुनें मार्चिंग गीतों जैसी हैं। vande 5.gif- 20.42
32. एचएमवी एन 17014 (सी.1950)/सती देवी, कमल दास, अजय विश्वास, सोमेन गुप्ता। संगीत निर्देशन- सुरसागर
33. एचएमवी एच टी 80 (12") [सी.1945]/दिलीप कुमार रॉय
34. एचएमवी एन 14421 (सी.1950)/दिलीप कुमार रॉय, और एम.एस. सुब्बुलक्ष्मी
35. कोलंबिया जीई 3997 (सी.1950)/बाई मोगुबाई कुर्दिकर, राग- खंबावती। संगीत- श्री वी.डी.अंभाईकर
36. कोलंबिया जीई 7357 (सी.1950)/सुर श्री आर्केस्ट्रा- राजन सरकार द्वारा संचालित
37. एचएमवी एन 20109 (लगभग 1950)/स्वर और वाद्य: सूरसागर जगमोहन। पहला पक्ष-स्वर, दूसरा पक्ष- वाद्य। vande 1.gif- 19.06 K38] एचएमवी एन 27829 (सी.1950)/जगोन्मय मित्र, द्विजेन चौधरी, देबब्रत बिस्वास, निहार बिंदु सेन, कनक दास, सुचित्रा मुखर्जी, सुप्रीति घोष, गीता नाबर। संगीत निर्देशन- अनादि दस्तीदार।
39. एचएमवी एन 27893 (सी.1950)/जगन्मय मित्रा, बिहू दत्ता, रोमा देवी, सुप्रीति घोष। धुन और संगीत निर्देशन- तिमिर बरन।
40. एचएमवी एन 28000 (सी.1950)/श्रीमती डी.वसंत और डी.विमला (तमिल)
41. एचएमवी एन 28002 (सी.1950)/मिस डी.वसंत (तमिल)
42. एचएमवी एन 16872 (सी.1950)/वराट व्यास एंड पार्टी (हिंदी)
43. एचएमवी एन 16331 (सी.1950)/राम आसराम गर्ल्स स्कूल (हिंदी)
44. हिंदुस्तान रिकॉर्ड/एच 1348 (लगभग 1940)/पंकज मलिक और अन्य। गायन के साथ आर्केस्ट्रा।
45. एचएमवी पी 11361 (लगभग 1928)/विष्णुपंत पग्निस- राग सारंग। यही ट्रैक राउंड सीडी 1083 (1993) विंटेज म्यूजिक फ्रॉम इंडिया- नॉर्थ इंडिया- ट्रैक संख्या 17 पर पुनः जारी किया गया है।
46. रामाग्राफ आर 920 (सी.1930)/6029-30/विष्णुपंत पग्निस- भाग 1 और 2.
47. एचएमवी एन 36170 (सी.1950)/गीता रॉय और दुर्रानी
48. कोलंबिया जीई 17512 (सी.1938)/मास्टर कृष्णराव- राग झिंझोटी vande3.gif- 22.05 K49] एचएमवी एन 16939 (सी.1951)/कोरस- विश्व भारती कलाकार

50. एचएमवी एन 16985 (सी.1951)/कोरस- ब्रास बैंड ग्रुप
51. सेनोला रिकॉर्ड/क्यूएस 711 (सी.1935)/फिल्म 'वंदे मातरम' (बंगाली) से कोरस। धुन- सुकेर्ति सेन।
52. एचएमवी पीएमएलपी 1703, कैसेट एसटीएचवी 24172 (सी.1965)/"श्रद्धांजलि" (एलपी)/हेमंत मुखर्जी और अन्य- बंगाली फिल्म 'महा विप्लवी अरबिंदा' से
53. एचएमवी एन 27606-611 (सी.1950)/बंगाली नाटक ने कीर्तिमान स्थापित किया- 'आनंदमठ'- मन्मथ रॉय द्वारा नाट्य रूपांतरण।
54. कोलंबिया जीई 7323-29 (सी.1950)/बंगाली कमेंट्री ड्रामा सेट रिकॉर्ड्स- 'स्वाधीनता साधना [केवल गीत का हिस्सा]/सचिन सेन गुप्ता द्वारा, संगीत- दुर्गा सेन।
55. टेस्ट रिकार्ड /??/चन्द्र बन्दोरे- कमलेश पं। ओंकारनाथ ठाकुर द्वारा गाए गए सुर में।
56. एचएमवी एन 82936 (1962)/कोरस- एआईआर कोरल ग्रुप
57. HMV 7EPE 1006 (1965)/कोरस- AIR कोरल ग्रुप
58. एचएमवी (एलपी) ईसीएसडी 35518 (सी.1970)/भारती गीत- I/श्रीमती एम.एस. सुब्बुलक्ष्मी (तमिल संस्करण), दूसरा पक्ष- ट्रैक एक (अलग धुन)।
59. ओडियन ए 245012 बी (सी.1935)/वंदे मातरम/श्री केशव राव भोले- राग देशकर में।
60. स्टार हिंदुस्तान रिकॉर्ड जेएसए 5305 (सी.1940)/शोभा खन्ना, कमला और सुरेश। संगीत-पुरुषोत्तम दास जलोटा।
61. म्यूजिक इंडिया ईपी 2067 842 (1982) महेंद्र कपूर और कोरस- राष्ट्रीय गीत।- वाईएसएमुल्की द्वारा व्यवस्थित और संचालित।
62. जनता ऑडियो (जेए 1001, कलकत्ता) कैसेट- 'प्रेग्रोना'/पहला पक्ष- श्री राधा बंदोपाध्याय, दूसरा पक्ष- हेमंती शुक्ला। दो कलाकारों द्वारा दो अलग-अलग धुनों में गाया गया। डब्ल्यू बी पी सी सी द्वारा श्रद्धांजलि: स्वतंत्रता के 50 वर्ष और नेताजी सुभाष चंद्र बोस की जन्म शताब्दी। 8-10 अगस्त 1997 को कलकत्ता में भारतीय राष्ट्रीय कांग्रेस के 80वें अधिवेशन के उपलक्ष्य में- डब्ल्यू बी पी सी सी अध्यक्ष श्री सोमेन मित्रा।
63. हिंदी फिल्म- "अमर आशा" [अमर आशा] संगीत- कोई ग्रामोफोन रिकॉर्ड जारी नहीं किया गया था। गायक ज्ञात नहीं हैं।
64. एचएमवी एन 50169 (लगभग 1952)/लता मंगेशकर एवं अन्य- फ़िल्म 'आनंदमठ' (हिंदी)। संगीत- हेमंत कुमार। वंदे मातरम- 2 (1999) एचएमवी टी पी एच वी एस-

854 126 में पुनर्प्रकाशित।

65. हिंदी फिल्म 'आंदोलन' (1951) में/मन्ना डे, शैलेश कुमार, सुधा मल्होत्रा, पारुल घोष और अन्य/संगीत- पन्नालाल घोष।

66. हिंदी फिल्म 'लीडर' (1964) में/क्रेडिट टाइटल के लिए बैकग्राउंड कोरस स्कोर के रूप में इस्तेमाल किया गया।/कोई रिकॉर्ड नहीं बनाया गया- संगीत नौशाद का। धुन मार्चिंग गीत जैसी है।

67. हिंदी और अंग्रेजी फिल्म में- 'मेकिंग ऑफ महात्मा' (1996)/उषा उथुप द्वारा गाया गया/वनराज भाटिया द्वारा संगीत।

68. सोनी म्यूजिक 488 7094 (1997)/अनुराधा, सुजाता, कल्याणी मेनन और सीमा द्वारा गाया गया/एआर.रहमान द्वारा संगीत।

69. एचएमवी एस पी एच ओ एस 854083 (1996)/मेरे वतन के लोगो [भारत की आजादी के 50 साल]/लता मंगेशकर: नई रिकॉर्डिंग।

70. एचएमवी टी पी एच वी एस 854124 (1998)- वंदे मातरम 2, भारत बाला प्रोडक्शन। लता मंगेशकर- वंदे मातरम 1998 और 1952, शुभा मुद्गल द्वारा जय जय मातरम और कौशिकी चक्रवर्ती द्वारा तराना।

71. पॉलीग्राम 6337 763 (1999)- राष्ट्र को श्रद्धांजलि- भारत तू है मेरी पूजा- नौ देशभक्ति गीत पहली बार श्री अनूप जलोटा द्वारा गाए गए।

72. एल डी ई आर [लिटिल डार्लिंग एजुकेशनल रिदम्स] प्रस्तुति, नई दिल्ली (1999)- देश भक्ति गीत- वंदना बाजपेयी और अन्य द्वारा गाया गया।

73. फाउंटेन एफएमबी 509 (2000)- भारत 2000- शीर्ष 10 देश भक्ति गीत, संगीत: प्रसाद रानाडे। [विभिन्न कलाकार]

74. सागरिका (कैसेट) 31065 (1998)- 'स्वदेश आमार स्वदेश'- 14 बंगाली देशभक्ति गीतों का संकलन- पश्चिम बंगा राज्य संगीत अकादमी द्वारा जारी और अकादमी के छात्रों द्वारा गाया गया।

75. विंग्स (कैसेट)- एस एस डी एच/डब्ल्यू एच सी (जनवरी 2000)- 'सारे जहाँ से अच्छा हिंदुस्तान हमारा'- देश भक्ति गीत: साइड ए- साधना सरगम, विपिन सचदेवा, विनोद राठौड़ और कोरस द्वारा गाया गया ['आनंदमठ' में लता मंगेशकर द्वारा गाए गए उसी धुन में]।

76. कैसेट एचएमवी एस पी एच ओ एस 843255 (8/1999)- वंदे मातरम- बंगाली देशभक्ति गीतों की धुनें- पंडित वी बलसारा के निर्देशन में कलकत्ता सिने संगीतकार

एसोसिएशन द्वारा बजाया गया- साइड वन- गीत संख्या 1. [एआईआर ट्यून]।

77. जीनियस रवींद्रनाथ टैगोर सीडी [जून 1999]- वंदे मातरम [2 मिनट और 40 सेकंड की अवधि का गीत, पाथे/एच. बोस डिस्क से पुनः जारी (मूल रूप से डॉ. रवींद्रनाथ टैगोर द्वारा गाया गया)]। जर्मनी से डिजिटल रूप से रीमास्टर्ड रिकॉर्डिंग। एक पुस्तक- 'रवींद्रनाथ टैगोर: एक प्रतिभा के पहलू'- आकाशवाणी के महानिदेशक द्वारा प्रकाशित- इस पुस्तक के साथ सीडी/कैसेटी उपलब्ध है।

78. सीडीएनएफ 154034/35 (1997)- 'स्वतंत्रता की आवाज़ें'- श्री अरबिंदो आश्रम के ऑरो मीरा गायक मंडली द्वारा गाया गया। [ऑडियो कैसेट पर भी जारी किया गया]।

परिशिष्ट: दो

प्रस्तुति और प्रसारण

व्यावसायिक उपयोग नहीं

1. पंडित विष्णु दिगंबर पलुस्कर- राग काफी में। 1923 के काकीनाडा कांग्रेस अधिवेशन में मुस्लिम नेताओं के विरोध को नजरअंदाज करते हुए गाया गया।
2. श्री आनंद बिहारी तेलंग- राग देश।
3. श्री एस एस निगानी- राग भैरवी।
4. डॉ. लालमणि मिश्र- राग मालकौंस।
5. श्री बलवंत भट्ट- राग सारंग।
6. श्री वी।डी।अंभईकर के परीक्षण रिकॉर्ड- तीन संस्करण रिकॉर्ड किए गए (1948)। यह गायन, वाद्य और कोरस रिकॉर्डिंग हैं। श्री अंभईकर ने बचपन से ही इस गीत को कई अलग-अलग रागों में गाया। उन्होंने इसे लगभग सभी महान राष्ट्रीय नेताओं और कई कांग्रेस अधिवेशनों में गाया। उन्होंने अपना अधिकांश जीवन इन धुनों को लोकप्रिय बनाने में लगाया और इसी उद्देश्य से 'वंदे मातरम कोरस पार्टी' का गठन किया। डॉ. बी आर अंबेडकर के आग्रह पर उन्होंने तीन रिकॉर्ड बनाए और उन्हें संसद सदस्यों को सुनाया।
7. मास्टर कृष्णराव के टेस्ट रिकॉर्ड- कोरस और बैंड (लगभग 1938)
8. मास्टर कृष्णराव के निजी कार्यक्रम से रिकॉर्डिंग- पहले दो छंद (लगभग 1952)

9. पंडित राम मराठे के निजी कार्यक्रम की रिकॉर्डिंग (लगभग 1960)
10. पंडित शंकर अभ्यंकर के पुत्र की रिकॉर्डिंग (लगभग 1955)
11. बंगाली फिल्म- 'आनंदमठ'- सतीश दासगुप्ता द्वारा, संगीत- सुबल दासगुप्ता (13 सितंबर 1951)
12. बंगाली फिल्म- 'सबुज द्वीप राजा'- तपन सिन्हा द्वारा (17 अगस्त 1979), संगीत- तपन सिन्हा
13. 14 अगस्त 1997 को संसद के एक विशेष सत्र में पंडित भीमसेन जोशी ने राग देश में 'वंदे मातरम' का पहला पद गाया। इसी सत्र में श्रीमती लता मंगेशकर ने 'सारे जहाँ से अच्छा' गीत का समापन 'वंदे मातरम' शब्दों से किया।
14. पंडित जसराज ने 15 अगस्त 1998 को संसद में गाया था।
15. संस्कार भारती कैसेट- श्रीमती चित्रा जोशी द्वारा गाया गया।
16. गीत भारती कैसेट, बैंगलोर- श्री शंकर शानबाग द्वारा गाया गया पूरा गीत।
17. उस्ताद राशिद खान ने मुंबई में सेंट जेवियर्स कॉलेज के आई एम जी समूह द्वारा आयोजित शास्त्रीय संगीत के एक संगीत समारोह में वंदे मातरम गाया (1999)।
18. प्रख्यात शोधकर्ता श्री अनंत चक्रवर्ती द्वारा गाया गया (आंशिक रूप से) एक अप्रकाशित ऑडियो कैसेट में। यह रिकॉर्डिंग 8 मई 1990 को की गई थी। धुन राग मल्हार में है जैसा कि लेखक बंकिमचंद्र चटर्जी के उपन्यास 'आनंदमठ' में निर्देशित है।
19. श्रीमती सपना चट्टोपाध्याय द्वारा राग मल्हार (श्री ए। चक्रवर्ती द्वारा रचित) में गाया गया, एक अप्रकाशित कैसेट में। यह गीत पहली बार साहित्य सम्राट बंकिमचंद्र के पैतृक घर, कटहल पाड़ा, नैहाटी के लॉन में 8 अप्रैल 1994 को और उनके जन्मदिन पर, 1994 में ही गाया गया था। [इस रिकॉर्डिंग की एक प्रति श्री एस।के। चटर्जी के पास श्री अजित कुमार भट्टाचार्य, भाटपाड़ा, पश्चिम बंगाल के सौजन्य से उपलब्ध है]
20. श्री जगन्मय मित्र द्वारा दो अलग-अलग धुनों में गाया गया, जिसे उन्होंने स्वयं एक अप्रकाशित कैसेट में संग्रहित किया है- सौजन्य- श्री दीपांकर चट्टोपाध्याय।
21. 'इंदिरा संगीत शिक्षायतन'- आकाशवाणी, कलकत्ता द्वारा 12।12।1991 को गाया गया- स्वर्गीय ज्योतिरिंद्रनाथ टैगोर द्वारा निर्धारित धुन में।
22. प्रतिदिन दूरदर्शन पर सिग्नेचर ट्यून के तुरंत बाद 'वंदे मातरम' का पहला छंद प्रसारित किया जाता है, साथ ही दृश्य चित्र भी प्रसारित किए जाते हैं।

23. प्रथम दो पदों का स्वर-लेखन (राग काफी में)- पंडित रतन जंकर द्वारा उनकी रचनाओं की पुस्तक के संशोधित संस्करण में।
24. वाद्य-वादन: नौसेना बैंड पर- श्री एच। वलियास बापूराव दाते, पूना द्वारा राग काफी में रचित। [स्वर लेखन और रिकॉर्डिंग दोनों उपलब्ध हैं।]
25. श्री एच वी डे टी के लिए पंडित विनायक राव पटवर्धन द्वारा गाया गया। [निजी रिकॉर्डिंग उपलब्ध]
26. प्रसिद्ध नर्तक केलुचरण महापात्र ने फरवरी/मार्च 1999 में मुंबई में आयोजित एलिफेंटा महोत्सव में 'वंदे मातरम' बैले प्रस्तुत किया था। इसे कभी-कभी भारतीय टीवी चैनलों पर वीडियो के माध्यम से प्रसारित किया जाता है।
27. पंडित राम नारायण ने 1999 में मुंबई में आयोजित एक संगीत समारोह में इसे सारंगी पर बजाया था।
28. संगीतकार हिंदुकुश और कैमरामैन सी.के.एस.राव ने 15 अगस्त 2000 को प्रसारण के लिए एक वीडियो कैसेट जारी की है। इसमें पूरा गीत शामिल है और साधना सरगम ने इसे गाया है।

परिशिष्ट : तीन

बड़ी बेटी को पसंद नहीं आया

वंदे मातरम के 150 वें वर्ष में एक आश्चर्यजनक प्रसंग उजागर हुआ कि बंकिमचंद्र चट्टोपाध्याय की बड़ी बेटी को शुरूआत में वंदे मातरम गीत पसंद नहीं आया। इस रहस्य को उजागर किया सजल चट्टोपाध्याय और जॉयदीप चट्टोपाध्याय ने जो बंकिमचंद्र चट्टोपाध्याय की पांचवीं पीढ़ी पारिवारिक सदस्य हैं। बंकिमचंद्र चट्टोपाध्याय के परपोते सजल चट्टोपाध्याय के अनुसार- "जब बंकिम जी ने अपनी बेटी को यह गीत सुनाया, तो उन्होंने इसे सामान्य बताते हुए कहा कि इसमें क्या खास है जो लोग इसे इतना पसंद करेंगे।"

इस पर बंकिमचंद्र ने अपनी बेटी से कहा था- "इस गीत को रहने दो, जब हम नहीं रहेंगे, तो एक दिन लोग इसके बारे में बातें करेंगे और सोचेंगे कि बंकिम बाबू क्या लिख कर गए थे।"

यह बात तो बंकिमचंद्र चट्टोपाध्याय ने अपने सहायक संपादक से भी कही थी कि वंदे मातरम गीत की राष्ट्रीय और भावनात्मक गहराई को अभी हर कोई तुरंत नहीं समझ पाएगा।

यह बात सहायक संपादक को उस समय कही थी जब गीत के प्रकाशन की बात उठी थी।

बंकिमचंद्र को इस गीत के भविष्य में होने वाली शक्ति का पूरा एहसास था। यह गीत बाद में भारतीय स्वतंत्रता आंदोलन का एक शक्तिशाली नारा और राष्ट्रीय गीत बन गया।

सजल चट्टोपाध्याय ने कहा- *"जब बंकिम बाबू ने यह गीत लिखा था तो उस वक्त क्या हुआ था?"* वह आगे कहते हैं- *"परिवार के बड़ों से हमने उसका किस्सा सुना है। 'जब बंकिम बाबू यह गीत लिखे थे तब उन्होंने इसे सबसे पहले अपनी बड़ी बेटी शरत कुमारी देवी को दिखाया था। उन्होंने इस गीत को देखा और फेंक दिया। बोलीं- ये क्या है?"*

बेटी शरत कुमारी ने वह कागज फेंक दिया।

बंकिम बाबू बोले- "तुम भले ही फेंक दी इसको?

तो उनकी बेटी बोली- "हाँ पिताजी! ये क्या लिखा है आपने? ये कोई नहीं पढ़ेगा। ये फालतू है। छोड़िए इसको। आपकी बदनामी हो जाएगी।"

बंकिम जी अपनी बड़ी बेटी को बहुत मानते थे। तब बंकिम जी ने अपनी बेटी से कहा- *"इस गीत को रहने दो। हम जब नहीं रहेंगे तो एक दिन लोग इसके बारे में बातें करेंगे और सोचेंगे कि बंकिम बाबू क्या लिख कर गए थे।"*

अपने परदादा की भविष्यवाणी को याद करते हुए जॉय दीप चट्टोपाध्याय ने कहते हैं- "हमने बचपन में इस गीत की खूब कहानियां सुनी हैं। इस गीत की महिमा सुनते हुए हम बड़े हुए हैं। बंकिम बाबू ने अपने परिवार के सदस्यों को यही सिखाया कि देश से बड़ा कोई नहीं होता है। देश हमारे अस्तित्व का एक नाम है।"

बंकिमचंद्र चट्टोपाध्याय की बड़ी बिटिया ने इस गीत की ताकत को शायद नहीं समझा। यह वह गीत था जिसे गाकर क्रांतिकारी हंसते-हंसते फांसी पर झूल गए। उसके चेहरे पर कोई शिकन तक नहीं आती थी। उसके होठों पर था तो सिर्फ वंदे मातरम। यह केवल एक गीत नहीं ऐसा मंत्र है जिसमें हजारों सूर्य की शक्ति है। हमारी परंपरा ऐसी है कि हम जानते हैं और स्वीकार करते हैं कि माता सबसे ऊपर है।

परिशिष्ट: चार

बांग्ला भाषा में पाठ

गीत वंदे मातरम को मूलरूप से बांग्ला भाषा में लिखा गया था। उसका मूल रूप

निम्नलिखित है -

বাংলা লিপি   देवनागरी लिपि

বন্দে মাতরম্।

সুজলাং সুফলাং
মলয়জশীতলাম্
শস্যশ্যামলাং
মাতরম্!

শুভ্র-জ্যোত্স্না-পুলকিত-যামিনীম্
ফুল্লকুসুমিত-দ্রুমদলশোভিনীম্,
সুহাসিনীং সুমধুরভাষিণীম্
সুখদাং বরদাং মাতরম্।।

সপ্তকোটীকণ্ঠ-কল-কল-নিনাদকরালে,
বিসপ্তকোটীভুজৈর্ধৃতখরকরবালে,
অবলা কেন মা এত বলে!
বহুবলধারিণীং
নমামি তরিণীং
রিপুদলবারিণীং
মাতরম্।

তুমি বিদ্যা তুমি ধর্ম্ম
তুমি হৃদি তুমি মর্ম্ম
ত্বং হি প্রাণাঃ শরীরে।
বাহুতে তুমি মা শক্তি,
হৃদয়ে তুমি মা ভক্তি,
তোমারই প্রতিমা গড়ি মন্দিরে মন্দিরে।

ত্বং হি দুর্গা দশপ্রহরণধারিণী
কমলা কমল-দলবিহারিণী
বাণী বিদ্যাদায়িণী
নমামি ত্বাং
নমামি কমলাম্

অমলাং অতুলাম্,
সুজলাং সুফলাং
মাতরম্

বন্দে মাতরম্
শ্যামলাং সরলাং
সুস্মিতাং ভূষিতাম্
ধরণীং ভরণীম্
মাতরম্।

परिशिष्ट: पांच

वंदे मातरम और अरबिंदो

अरबिंदो ने 16 अप्रैल 1907 को अंग्रेजी दैनिक 'वंदे मातरम' में एक लेख में बताया था कि बंकिमचंद्र चटर्जी ने 32 साल पहले यानी 1875 में इस अमर गीत को लिखा था। किताब के तौर पर प्रकाशित होने से पहले आनंदमठबंगाली मासिक मैगजीन 'बंग दर्शन' में धारावाहिक के तौर पर छापा था। देश की स्वतंत्रता के अहम किरदारों में एक मैडम भीकाजी कामा ने सन् 1907 में पहली बार भारत के बाहर स्टटगार्ट बर्लिन में तिरंगा झंडा फहराया था, जिस पर वंदे मातरम लिखा था।

परिशिष्ट : छह

हिन्दू और मुसलमान दोनों शामिल

20 मई 1906 को अविभाजित बंगाल के बारीसाल इलाके में वंदे मातरम जुलूस में दस हज़ार से ज्यादा लोग पहुंचे तो ब्रिटिश हुकूमत मत में तूफान मच गया। हिंदू और मुस्लिम दोनों ही सड़कों पर वंदे मातरम के झंडे लेकर नारे लगा रहे थे। इस गाने और नारे से ब्रिटिश सरकार घबरा गई। सरकार ने विद्यालयों और महाविद्यालयों में वंदे मातरम गाने

या बोलने पर रोक लगा दी। ऐसा करने वाले संस्थानों को मान्यता रद्द करने और आंदोलन में हिस्सा लेने वाले को नौकरी से निकालने की चेतावनी दी गई।

परिशिष्ट : सात

अनुवाद

डॉ. नरेश चन्द्र सेनगुप्त ने सन् 1906 में "अबे आफ वेल्स" के नाम से इसका अंग्रेजी-अनुवाद प्रकाशित किया। अरविन्द घोष ने 'आनंदमठ' में वर्णित गीत 'वन्दे मातरम्' का अंग्रेजी गद्य और पद्य में अनुवाद किया। उनके द्वारा किए गए दो अनुच्छेदों का अनुवाद यहां प्रस्तुत है। महर्षि अरविन्द द्वारा किए गए अंग्रेजी गद्य-अनुवाद का हिन्दी-अनुवाद इस प्रकार है -

"मैं आपके सामने नतमस्तक होता हूँ। ओ माता!
पानी से सींची, फलों से भरी,
दक्षिण की वायु के साथ शांत,
कटाई की फसलों के साथ गहरी,
माता!"
"उसकी रातें चांदनी की गरिमा में प्रफुल्लित हो रही हैं,
उसकी जमीन खिलते फूलों वाले वृक्षों से बहुत सुन्दर ढकी हुई है,
हँसी की मिठास, वाणी की मिठास,
माता! वरदान देने वाली, आनन्द देने वाली।"

अंग्रेजी भाषा के अतिरिक्त आनन्द मठ के हिंदी, मराठी, तमिल, तेलुगु, कन्नड आदि अनेक भारतीय भाषाओं के अनुवाद भी प्रकाशित हुए।

डी आर बेंद्रे ने कन्नड़ भाषा में अनुवाद किया। सुब्रमण्यम भारती ने तमिल भाषा में, कश्मीरी भाषा में भाई वीर सिंह ने, तेलगु भाषा में गुड जाड़ा अप्पा राज ने और मलयालम भाषा में वल्ला तोड़ आदि ने वंदे मातरम सरीखी रचनाओं का सृजन किया।

परिशिष्ट: आठ

वंदे मातरम और लोकगीत

विद्वानों का एक वर्ग मानता है कि स्वतंत्रता संग्राम में वंदे मातरम गीत इतना लोकप्रिय हुआ कि उसी की तर्ज पर अनेक लोकगीत बनाये गये। ऐसा कहा जाता है कि आजाद हिन्द फौज के कर्नल राम सिंह ने वंदे मातरम गीत की भावनाओं से प्रेरित होकर एक गीत लिखा। उनका लिखा गीत आज़ाद हिन्द फौज की ताकत बन गया।

इसके विपरीत सच्चाई यह है कि कर्नल राम सिंह ठाकुर ने वंदे मातरम की धुन पर कोई दूसरा गीत नहीं लिखा। उन्होंने 'जन गण मन' की धुन तैयार की थी। जो भारत का राष्ट्रगान बना और जिसे 'वंदे मातरम' के बाद अपनाया गया। वह भारतीय राष्ट्रीय सेना के संगीत निर्देशक थे उन्होंने 'कदम कदम बढ़ाए जा' और 'सुभाष सुभाष' जैसे देश भक्ति गीत आजाद हिंद फौज के लिए लिखे थे। जो आजाद हिंद फौज के लोकप्रिय गीत बने।

इसके अतिरिक्त अन्य क्षेत्रों में भी लोगों ने अपनी-अपनी बोलियों में भी वंदे मातरम को आधार बनाकर अनेक लोकगीतों की रचना की। वास्तविकता यह है कि गहन अध्ययन के बाद भी कोई एक लोकगीत नहीं मिला।

परिशिष्ट: नौ

वंदे मातरम और नारे

आज़ादी की लड़ाई में न केवल वंदे मातरम गीत सभी की ज़ुबान पर चढ़ा बल्कि वंदे मातरम एक नारे के रूप में सारे देश में गूंज उठा।

रवीन्द्र बाबू की भतीजी सरला देवी ने बंगाल के युवाओं को शारीरिक प्रशिक्षण देने के लिए विरासत उत्सवों का आयोजन शुरू किया। विवाह के बाद सरला देवी पंजाब आ गई। पंजाब में भी सरला देवी प्रतापादित्य उत्सव का आयोजन किया। इस उत्सव में पहली बार वंदे मातरम शब्द का प्रयोग नारे के रूप में हुआ।

इसके बाद प्रत्येक जलसे, जुलूस, बैठक आदि में वंदे मातरम का उदघोष होने लगा।

परिशिष्ट : दस

वंदे मातरम विवाद

बंकिमचंद्र चटर्जी रचित गीत वंदे मातरम पर फिर से एक बार विवाद छिड़ गया है। इस बार विवाद संघ के नारे 'हिंदुस्तान में रहना है तो वंदे-मातरम कहना होगा' को लेकर नहीं बल्कि मद्रास हाई कोर्ट के न्यायाधीश एमवी मुरलीधरन के एक आदेश को लेकर है। उन्होंने यह आदेश दिया है कि राष्ट्रगीत वंदे-मातरम को हर सरकारी/गैर-सरकारी दफ्तरों/संस्थानों/उद्योगों में हर महीने कम-से-कम एक बार गाना होगा। यह गीत मूल रूप से बांग्ला और संस्कृत भाषा में है इसलिए इसे तमिल व अंग्रेज़ी में अनुवाद करने के भी आदेश दिए गए हैं।

इस गीत को गाने या न गाने से सम्बंधित किसी तरह की अपील नहीं की गयी थी। भारत उन गिने चुने देशों में से एक है जहां विवादों से परे राष्ट्रगान 'जन गण मन'होने के बावजूद वंदे मातरम राष्ट्रगीत के तौर पर स्वीकृति रखता है। इस गीत में बंकिम ने सात करोड़ जनता का भी उल्लेख किया है जो उस समय बंगाल प्रांत की कुल आबादी थी। इस बंगाल प्रांत में ओडिशा-बिहार शामिल थे।

आधुनिक दौर में विवाद

भारतीय जनता पार्टी के नेता सी आर केसवन ने देश के पहले प्रधानमंत्री पंडित नेहरू का उल्लेख करते हुए वंदे मातरम को संक्षिप्त किए जाने का आरोप लगाया है। उन्होंने सन् 1937 में महाराष्ट्र के फैजपुर में आयोजित कांग्रेस अधिवेशन का उल्लेख कर यह दावा किया है। उनका कहना है कि वंदे मातरम से नेहरू ने जानबूझकर मां दुर्गा के श्लोक हटाए। जानबूझकर कांग्रेस पार्टी ने देश के राष्ट्रीय गीत- वंदे मातरम में बदलाव किए। उन्होंने आरोप लगाया कि कांग्रेस ने यह फैसला कुछ सांप्रदायिक समूहों को खुश करने के लिए लिया। एक्स पर उन्होंने इस संबंध में पोस्ट किया है।

केसवन के इस बयान के बाद प्रधानमंत्री नरेंद्र मोदी ने भी कांग्रेस को आड़े हाथ लिया। उन्होंने कहा- "आजादी की लड़ाई में 'वंदे मातरम' की भावना ने पूरे राष्ट्र को आलोकित किया, लेकिन दुर्भाग्य से सन् 1937 में इसकी आत्मा का एक हिस्सा, 'वंदे मातरम' के महत्वपूर्ण पदों को अलग कर दिया गया। 'वंदे मातरम' को खंडित किया गया, उसके टुकड़े-टुकड़े कर दिए गए। 'वंदे मातरम' के इसी विभाजन ने देश के विभाजन के बीज भी बोए..."

वंदे मातरम के 150 साल पूरे होने के उपलक्ष्य में आयोजित कार्यक्रम में वंदे मातरम के पूर्ण संस्करण का सामूहिक गायन भी किया गया।

वंदे मातरम के खिलाफ विरोध प्रदर्शन का जिक्र कर नेहरू ने लिखा- "सांप्रदायिक सोच रखने वाले लोगों ने निहित स्वार्थों के कारण इसके खिलाफ आक्रोश और विरोध प्रकट किया है। विरोध पूरी तरह तथ्यहीन नहीं हैं और सांप्रदायिकता की ओर झुकाव रखने वाले लोग इससे प्रभावित हुए हैं।" पंडित नेहरू ने कांग्रेस की विचारधारा और कार्य पद्धति को स्पष्ट करते हुए कहा- "हम जो कुछ भी करते हैं, उसका मकसद सांप्रदायिकता वादियों की भावनाओं को भड़काना नहीं, बल्कि वास्तविक शिकायतों का समाधान करना है।"

परिशिष्ट : ग्यारह

वंदे मातरम : साल भर उत्सव

केंद्र सरकार राष्ट्रीय गीत वंदे मातरम के 150 साल पूरे होने का उत्सव देशभर में मनाया गया। प्रधानमंत्री नरेंद्र मोदी की अध्यक्षता में हुई मंत्रिमंडल की बैठक में देशभर में इससे जुड़े कई आयोजनों को मंजूरी दी गयी। सूचना एवं प्रसारण मंत्री अश्विनी वैष्णव ने नेशनल मीडिया सेंटर में पत्रकार वार्ता में बताया कि इस साल राष्ट्रीय गीत के 150 साल पूरे हो रहे हैं। इसे उत्सव की तरह मनाने का फैसला किया गया है। सभी को विशेषकर युवाओं को इतिहास के साथ जोड़ने के लिए इस गीत के मूल भावना को जन-जन तक पहुंचाया जाएगा।

देशभर में कई कार्यक्रम आयोजित किए जाएंगे। राष्ट्रप्रेम और सांस्कृतिक अस्मिता के प्रतीक इस गीत की रचना बंकिमचंद्र चट्टोपाध्याय ने 1875 में की थी और आगामी 7 नवंबर 2025 को इसके 150 वर्ष पूर्ण हो रहे हैं। 24 जनवरी 1950 को भारतीय संविधान सभा ने इसे राष्ट्रीय गीत घोषित किया। देशभक्ति से भरपूर उनकी इस कविता को उन्हीं के उपन्यास आनंदमठमें सबसे पहले प्रकाशित किया गया। उनकी इस रचना ने उस दौर में भारत की आजादी की जंग लड़ रहे वीर सपूतों के लिए प्रेरणा स्रोत का काम किया।

आकाशवाणी और दूरदर्शन पर विशेष कार्यक्रम और एफ एम रेडियो अभियान चलाया जाएगा। सूचना ब्यूरो टियर 2 और 3 शहरों में वंदे मातरम पर पैनल चर्चा और संवाद आयोजित करेगा। दुनिया भर में सभी भारतीय मिशनों और कार्यालयों में वंदे मातरम की भावना को समर्पित एक सांस्कृतिक संध्या का आयोजन किया जाएगा। वंदे मातरम

की भावना को समर्पित एक वैश्विक संगीत समारोह आयोजित किया जाएगा। धरती मां को सलाम- पेड़ लगाने के अभियान आयोजित किए जाएंगे। राजमार्गों पर देशभक्ति से जुड़े चित्र बनाए और प्रदर्शित किए जाएंगे। ऑडियो संदेश और विशेष उद्घोषणाएं की जाएगी। रेलवे स्टेशनों और हवाई अड्डों पर एलईडी डिस्प्ले पर वंदे मातरम के बारे में जानकारी दिखाई जाएगी।

वंदे मातरम के अलग-अलग पहलुओं, बंकिमचंद्र चटर्जी की जीवन गाथा, स्वतंत्रता संग्राम में वंदे मातरम की भूमिका और भारत के इतिहास पर 1-1 मिनट की 25 फिल्में बनाई जाएंगी, और सोशल मीडिया के जरिए लोगों तक पहुँचाया जाएगा। देशभक्ति की भावना को सही दिशा देने के लिए, वंदे मातरम अभियान और हर घर तिरंगा अभियान एक साथ बनाए जाएंगे। यह पहल न केवल बंकिमचंद्र चट्टोपाध्याय की कालजयी रचना को श्रद्धांजलि देती हैं, बल्कि स्वतंत्रता संग्राम के दौरान पीढ़ियों को प्रेरित करने में इसकी भूमिका को भी दिखाती हैं। इन समारोहों के माध्यम से वंदे मातरम की भावना को आज के भारत के संदर्भ में नए सिरे से समझाया जा रहा है जो देश के गौरवशाली अतीत को उसके एकजुट, आत्मनिर्भर और सांस्कृतिक रूप से समृद्ध भविष्य की आकांक्षाओं से जोड़ती है।

परिशिष्ट : बारह

मन की बात और प्रधानमंत्री

प्रधानमंत्री नरेंद्र मोदी ने रविवार को देशभक्ति को शब्दों से परे एक भावना बताया और कहा कि वंदे मातरम वह गीत है जो उस अमूर्त भावना को मूर्त रूप देता है।

"मन की बात" मासिक रेडियो कार्यक्रम के 127 वें एपिसोड में, प्रधानमंत्री मोदी ने कहा कि यह "शाश्वत गान" भारतीयों में देशभक्ति और एकता की भावना जगाता रहता है। उन्होंने यह भी घोषणा की कि इस वर्ष 'वंदे मातरम' गीत का 150 वां वर्ष भी है।

इस गीत को राष्ट्रीय गौरव का एक सशक्त प्रतीक बताते हुए, प्रधानमंत्री मोदी ने कहा, "भारत का राष्ट्रीय गीत, 'वंदे मातरम', एक ऐसा गीत है जिसका पहला शब्द ही हमारे हृदय में भावनाओं का सैलाब जगा देता है। 'वंदे मातरम', इस एक शब्द में न जाने कितनी भावनाएं, कितनी ऊर्जा समाहित है। सरल शब्दों में, यह हमें मां भारती के ममतामयी स्नेह का अनुभव करता है। यह हमें मां भारती की संतान होने के नाते अपनी जिम्मेदारियों का बोध कराता है।"

प्रधानमंत्री ने इस बात पर प्रकाश डाला कि कैसे "वंदे मातरम" का नारा लंबे समय से एकता के लिए एक आह्वान का काम करता रहा है। उन्होंने कहा- "अगर मुश्किल घड़ी भी आती है, तो 'वंदे मातरम' का नारा 140 करोड़ भारतीयों को एकता की ऊर्जा से भर देता है। देशभक्ति, माँ भारती के प्रति प्रेम, अगर यह शब्दों से परे एक भावना है, तो 'वंदे मातरम' वह गीत है जो उस अमूर्त भावना को मूर्त रूप देता है।"

इसकी उत्पत्ति का वर्णन करते हुए, प्रधानमंत्री मोदी ने याद दिलाया कि बंकिमचंद्र चट्टोपाध्याय ने 19वीं शताब्दी में "सदियों की गुलामी से कमजोर भारत में नई जान फूंकने के लिए "वंदे मातरम" की रचना की थी।" उन्होंने आगे कहा- "यह भले ही 19 वीं शताब्दी में लिखा गया हो, लेकिन इसकी आत्मा भारत की हज़ारों साल पुरानी अमर चेतना से जुड़ी है।"

इस गीत के संदेश को भारत के प्राचीन ज्ञान से जोड़ते हुए, प्रधानमंत्री ने कहा कि वेदों ने भारतीय सभ्यता की नींव रखी।

"बंकिमचंद्र चट्टोपाध्याय ने 'वंदे मातरम' लिखकर मातृभूमि और उसकी संतानों के बीच के इसी रिश्ते को भावनाओं के ब्रह्मांड में एक मंत्र के रूप में प्रतिष्ठित किया।"

प्रधानमंत्री मोदी ने इस बात पर ज़ोर दिया कि 7 नवंबर को देश वंदे मातरम के उत्सव के 150 वें वर्ष में प्रवेश करेगा। इस गीत की रचना 150 साल पहले हुई थी और 1896 में गुरुदेव रवींद्रनाथ टैगोर ने इसे पहली बार गाया था।

उन्होंने आगे कहा- "हमें 'वंदे मातरम' के 150 वें वर्ष को भी यादगार बनाना है। हमें आने वाली पीढ़ियों के लिए मूल्यों की इस धारा को आगे बढ़ाना है। आने वाले समय में 'वंदे मातरम' से जुड़े कई कार्यक्रम होंगे, देश में कई आयोजन होंगे। मैं चाहूंगा कि हम सभी देशवासी 'वंदे मातरम' के गौरव के लिए स्वस्फूर्त भावना से प्रयास करें।"

मन की बात, प्रधानमंत्री मोदी का मासिक रेडियो कार्यक्रम है जिसमें वे भारत के नागरिकों के साथ महत्वपूर्ण राष्ट्रीय मुद्दों पर चर्चा करते हैं। यह कार्यक्रम हर महीने के आखिरी रविवार को प्रसारित होता है। 3 अक्टूबर, 2014 को शुरू किए गए 'मन की बात' का उद्देश्य भारतीय समाज के विभिन्न वर्गों, जिनमें महिलाएं, बुजुर्ग और युवा शामिल हैं, से जुड़ना है।

22 भारतीय भाषाओं और 29 बोलियों के अलावा, 'मन की बात' 11 विदेशी भाषाओं में भी प्रसारित होता है, जिनमें फ्रेंच, चीनी, इंडोनेशियाई, तिब्बती, बर्मी, बलूची, अरबी, पश्तो, फारसी, दारी और स्वाहिली शामिल हैं। मन की बात का प्रसारण आकाशवाणी के 500 से ज़्यादा केंद्रों से होता है।

परिशिष्ट : तेरह

वंदे मातरम और दिल्ली विधानसभा

दिल्ली विधानसभा में 7 नवंबर, 2025 को राष्ट्रगीत 'वंदे मातरम' की 150वीं वर्षगांठ के उपलक्ष्य में एक विशेष कार्यक्रम का आयोजन किया गया। इस ऐतिहासिक अवसर पर दिल्ली विधानसभा अध्यक्ष विजेंद्र गुप्ता एक स्मृति पट्टिका का अनावरण किया। कार्यक्रम में साहित्य कला परिषद के कलाकारों द्वारा राष्ट्रभक्ति और एकता की भावना से ओत-प्रोत सांस्कृतिक कार्यक्रम पेश किए गए। इस अवसर पर शाम के समय दिल्ली विधानसभा भवन को तिरंगा के रंगों में आलोकित किया गया।

दिल्ली विधानसभा अध्यक्ष विजेंद्र गुप्ता ने कहा- "वंदे मातरम केवल एक गीत नहीं, बल्कि भारत के स्वतंत्रता संग्राम की आत्मा और मातृभूमि के प्रति अटूट श्रद्धा का अमर गीत है। यह अवसर हमें उन आदर्शों और मूल्यों के प्रति अपनी प्रतिबद्धता दोहराने का अवसर प्रदान करता है, जिससे हमारे राष्ट्र का निर्माण हुआ।"

दिल्ली विश्वविद्यालय की प्रोफेसर डॉ. मनीषा का मत हैं- "वंदे मातरम जिसका अर्थ है, हे मां, मैं तुझे नमन करता हूँ। भारत की सांस्कृतिक और ऐतिहासिक यात्रा में एक अमर स्थान रखता है। ये गीत राष्ट्रीय चेतना के उदय के काल में रचा गया था, जिसने भारतीय स्वतंत्रता आंदोलन को आत्मा प्रदान की। इस गीत ने देशवासियों में गौरव, एकता और मातृभूमि के प्रति समर्पण की भावना जगाई। इसके शब्द आज भी समय की सीमाओं को पार करते हुए हर भारतीय को हमारे देश की सुंदरता, शक्ति और अध्यात्म सार की याद दिलाते हैं।"

परिशिष्ट : चौदह

वंदे मातरम और महाराष्ट्र

महाराष्ट्र सरकार ने 'वंदे मातरम' के 150 वर्ष पूरे होने पर सभी स्कूलों में संपूर्ण गायन

अनिवार्य कर दिया है। स्कूलों में वंदे मातरम का गायन किया जाएगा। इसके बाद सरकार फैसला करेगी कि इसे आगे जारी रखना है या नहीं।

इसके साथ ही स्कूलों में 'वंदे मातरम' के इतिहास पर आधारित प्रदर्शनी लगाने का भी निर्देश दिया गया है, ताकि विद्यार्थियों को इस राष्ट्रगीत की ऐतिहासिक पृष्ठभूमि और महत्व की जानकारी मिल सके।

परिशिष्ट : पंद्रह

वंदे मातरम और बंगाल

बंकिमचंद्र चटर्जी पश्चिम बंगाल के साहित्य, संस्कृति और राष्ट्रवाद के इतिहास में एक बेहद महत्वपूर्ण और प्रतीकात्मक व्यक्तित्व हैं। जिनका पश्चिम बंगाल के संस्कृति के साथ साथ आम जनता के मन मस्तिष्क पर भी गहरा प्रभाव है।

बंकिमचंद्र को बंगाली साहित्य के पितामह माना जाता है। दूसरे शब्दों में कहें तो

बंकिमचंद्र को आधुनिक बंगाली गद्य का जनक माना जाता है। उन्होंने बंगाली उपन्यास को विश्व प्रसिद्ध बनाया। वंदे मातरम पश्चिम बंगाल के स्वतंत्रता संग्राम का प्रतीक गीत बना। बंग-भंग आंदोलन में यह गीत जन-जन का नारा बना। कोलकाता और पूरे पश्चिम बंगाल में आज भी स्वदेशी आंदोलन और राष्ट्रप्रेम की याद में इसे गाया जाता है। बंगाल पुनर्जागरण में बंकिमचंद्र चट्टोपाध्याय का महत्वपूर्ण योगदान है।

बंकिमचंद्र बंगाल रेनेसां के प्रमुख स्तंभ थे। रेनेसां एक फ्रांसीसी शब्द है जिसका अर्थ है पुनर्जागरण, पुनर्जन्म या पुनरुत्थान। राजा राममोहन राय, ईश्वर चंद्र विद्यासागर के साथ उन्होंने बंगाली समाज में सामाजिक सुधार, शिक्षा और राष्ट्रीय चेतना को बढ़ावा दिया। उनकी रचनाएँ हिंदू धर्म, इतिहास और भारतीयता की खोज का माध्यम बनी। पश्चिम बंगाल में बंकिमचंद्र की जयंती 26 जून को साहित्यिक समारोहों में मनाया जाता है। कोलकाता में बंकिमचंद्र चटर्जी स्ट्रीट उनके नाम पर है। अनेक स्कूल, कॉलेज, सड़कें और संस्थान उनके नाम से जुड़े हैं। पश्चिम बंगाल में बंकिमचंद्र चटर्जी सिर्फ एक लेखक नहीं, बल्कि बंगाली गौरव, राष्ट्रवाद और साहित्यिक परंपरा के प्रतीक हैं। वंदे मातरम आज भी पश्चिम बंगाल की आत्मा में गूंजता है।

परिशिष्ट : सोलह

भारतीय दूतावास में 'वंदे मातरम' स्मरण उत्सव

ओटावा में उच्चायुक्त दिनेश के पटनायक ने भारतीय प्रवासी सदस्यों और उच्चायोग के अधिकारियों के साथ 'वंदे मातरम' गायन का नेतृत्व किया।

दोहा में राजदूत विपुल ने राष्ट्रगीत के सामूहिक गायन का नेतृत्व किया जबकि रियाद में राजदूत सुहेल एजाज खान ने भारतीय समुदाय के साथ भाग लिया।

कैनबरा में उच्चायुक्त डीपी सिंह ने सामुदायिक सभा में गायन का नेतृत्व किया। लंदन में उच्चायोग के अधिकारियों ने मातृभूमि के प्रति सम्मान व्यक्त किया।

जर्मनी में भारतीय दूतावास ने टैगोर सेंटर के साथ मिलकर वंदे मातरम की 150वीं वर्षगांठ पर एक समारोह आयोजित किया और प्रवासी सदस्यों ने इसमें शामिल होकर इस गीत को श्रद्धांजलि अर्पित की।

परिशिष्ट : सत्रह

संसद में चर्चा

'वंदे मातरम' के 150 साल पूरे होने के मौके पर 8 दिसंबर 2025 को लोकसभा में इस पर चर्चा की शुरुआत हुई। इस चर्चा की शुरुआत प्रधानमंत्री नरेंद्र मोदी के भाषण से हुई। उन्होंने इस चर्चा के दौरान महात्मा गांधी से लेकर पूर्व प्रधानमंत्री जवाहरलाल नेहरू और मोहम्मद अली जिन्ना का ज़िक्र किया।

लोकसभा में चर्चा के दौरान प्रधानमंत्री नरेंद्र मोदी ने कहा- "उन परिस्थितियों को भी नई पीढ़ियों को बताने का उनका दायित्व है जिसकी वजह से वंदे मातरम के साथ विश्वासघात किया गया।...वंदे मातरम को लेकर मुस्लिम लीग की विरोध की राजनीति तेज होती जा रही थी। मोहम्मद अली जिन्ना ने लखनऊ से 15 अक्टूबर, 1937 को वंदे मातरम के खिलाफ नारा बुलंद किया। कांग्रेस के तत्कालीन अध्यक्ष जवाहरलाल नेहरू को अपना सिंहासन डोलता दिखा। बजाय इसके कि मुस्लिम लीग के आधारहीन दावों को

वो करारा जवाब देते, इसके उलट उन्होंने वंदे मातरम की ही पड़ताल शुरू कर दी।...जिन्ना के विरोध के पांच दिन के बाद ही 20 अक्टूबर को पंडित जवाहरलाल नेहरू जी ने नेताजी सुभाष बाबू को चिट्ठी लिखी। उस चिट्ठी में जिन्ना की भावना से नेहरू जी अपनी सहमति जताते हुए कहते हैं कि वंदे मातरम की आनंदमठ वाली पृष्ठभूमि मुसलमानों को उत्तेजित कर सकती है। मैं नेहरू जी का वक्तव्य पढ़ता हूं। नेहरू जी कहते हैं- "मैंने वंदे मातरम गीत का बैकग्राउंड पढ़ा है।" नेहरू जी फिर लिखते हैं- "मुझे लगता है कि यह जो बैकग्राउंड है उससे मुस्लिम भड़केंगे।" प्रधानमंत्री नरेंद्र मोदी ने आगे कहा- "इसके बाद कांग्रेस की तरफ से बयान आया कि 26 अक्टूबर को कांग्रेस कार्यसमिति की एक बैठक कोलकाता में होगी जिसमें वंदे मातरम के उपयोग की समीक्षा की जाएगी। पूरा देश हतप्रभ था। पूरे देश में देशभक्तों ने देश के कोने-कोने में प्रभात फेरियां निकाली।"...लेकिन देश का दुर्भाग्य की 26 अक्टूबर को कांग्रेस ने वंदे मातरम पर समझौता कर लिया। वंदे मातरम के टुकड़े कर दिए गए। उस फैसले के पीछे नकाब ये पहना गया कि यह तो सामाजिक सद्भाव का काम है। लेकिन इतिहास इस बात का गवाह है कि कांग्रेस ने मुस्लिम लीग के आगे घुटने टेक दिए और मुस्लिम लीग के दबाव में यह किया।"

प्रधानमंत्री नरेंद्र मोदी ने कहा- "कांग्रेस का तुष्टिकरण की राजनीति के थामने का यह तरीका था। तुष्टिकरण की राजनीति के दबाव में कांग्रेस वंदे मातरम के बंटवारे के लिए झुकी इसलिए कांग्रेस को एक दिन भारत के बंटवारे के लिए झुकना पड़ा।...दक्षिण अफ्रीका से प्रकाशित एक साप्ताहिक पत्रिका इंडियन ओपिनियन में महात्मा गांधी ने 2 दिसंबर, 1905 को लिखा था- "गीत वंदे मातरम जिसे बंकिमचंद्र ने रचा है, पूरे बंगाल में अत्यंत लोकप्रिय हो गया है। स्वदेशी आंदोलन के दौरान बंगाल में विशाल सभाएं हुईं, जहां लाखों लोग इकट्ठा हुए और बंकिम का यह गीत गाया।" गांधी जी आगे लिखते हैं- "यह गीत इतना लोकप्रिय हो गया है जैसे ये हमारा नेशनल एंथम बन गया है। इसकी भावनाएं महान हैं और यह अन्य राष्ट्रों के गीतों से अधिक मधुर है। इसका एकमात्र उद्देश्य हममें देशभक्ति की भावना जगाना है। यह भारत को मां के रूप में देखता है और उसकी स्तुति करता है।"

प्रधानमंत्री मोदी ने आगे कहा- "जो वंदे मातरम 1905 में महात्मा गांधी को नेशनल एंथम के रूप में दिखता था, देश के हर कोने में हर व्यक्ति के लिए वंदे मातरम की ताकत बहुत बड़ी थी। वंदे मातरम इतना महान था, जिसकी भावना इतनी महान थी तो फिर पिछली सदी में इसके साथ इतना बड़ा अन्याय क्यों हुआ, वंदे मातरम के साथ विश्वासघात क्यों हुआ? ये अन्याय क्यों हुआ? उन्होंने कहा- "वो कौन सी ताकत थी जिसकी इच्छा

खुद पूज्य बापू की भावनाओं पर भी भारी पड़ गई? जिसने वंदे मातरम जैसी पवित्र भावना को भी विवादों में घसीट दिया।"

इस चर्चा के दौरान पीएम मोदी ने आपातकाल का भी जिक्र किया। उन्होंने कहा- "150 वर्ष की यह यात्रा अनेक पड़ावों से गुज़री है। वंदे मातरम के जब 50 वर्ष पूरे हुए तब देश गुलामी में जीने के लिए मजबूर था। वंदे मातरम के 100 साल हुए तब देश आपातकाल की जंजीरों में जकड़ा हुआ था। जब उत्तम पर्व था तब भारत के संविधान का गला घोंट दिया गया था...जिस वंदे मातरम के गीत ने देश को आजादी की ऊर्जा दी, उसके जब 100 साल हुए दुर्भाग्य से एक काला कालखंड हमारे इतिहास में उजागर हो गया।...150 वर्ष उस महान अध्याय को उस गौरव को फिर से स्थापित करने का अवसर है। मैं मानता हूं सदन और देश को इस अवसर को जाने नहीं देना चाहिए। यही वंदे मातरम है जिसने 1947 में देश को आजादी दिलाई।"

प्रधानमंत्री नरेंद्र मोदी के भाषण पर विपक्ष ने सदन के अंदर और बाहर जवाब दिया।

लोकसभा में कांग्रेस के उपनेता गौरव गोगोई ने अपनी बात रखी। गौरव गोगोई ने कहा- "कांग्रेस पार्टी ने ही वंदे मातरम को राष्ट्रीय गीत का दर्जा दिया था।...जिस मुस्लिम लीग ने कहा कि पूरे 'वंदे मातरम' का बहिष्कार करो, उस मुस्लिम लीग को हमने संविधान सभा में करारा जवाब दिया। हमने सीधे कहा था कि हम मुस्लिम लीग की बात मानने वाले नहीं हैं और हम 'वंदे मातरम' को राष्ट्रीय गीत का दर्जा देंगे।...उसी संविधान सभा में यह भी कहा गया था कि 'जन-गण-मन' हमारा राष्ट्रगान होगा और 'वंदे मातरम' हमारा राष्ट्रीय गीत होगा। हमारे इस प्रस्ताव से सहमत होने वाले लोगों में राजेंद्र प्रसाद जी, सी राजगोपालाचारी जी, जी बी पंत जी, मौलाना आजाद जी और रविशंकर शुक्ल जी मुख्य थे।"

गौरव गोगोई ने कहा है- "देश की राजधानी में बम विस्फोट हुआ, लेकिन प्रधानमंत्री नरेंद्र मोदी ने एक बार भी उसकी बात नहीं की। इसके साथ ही गौरव गोगोई ने कहा- "आज देश के लोग अनेक समस्या उठा रहे हैं, लेकिन प्रधानमंत्री के भाषण में वो बातें ही नहीं हैं।...

हम 'वंदे मातरम' की 150वीं जयंती मना रहे हैं, लेकिन क्या हम वर्तमान के भारत को सुरक्षा दे पा रहे हैं? क्या हमने दिल्ली और जम्मू-कश्मीर के लोगों को सुरक्षा दी?"

कांग्रेस सांसद प्रमोद तिवारी ने स्वतंत्रता आंदोलन में राष्ट्रीय स्वयंसेवक संघ की भूमिका पर सवाल उठाए। संसद परिसर के बाहर कांग्रेस सांसद प्रमोद तिवारी ने सवाल किया- "प्रधानमंत्री जी बस एक सवाल का जवाब दे दीजिए कि जब देश की आज़ादी

की लड़ाई पंडित जवाहरलाल नेहरू और महात्मा गांधी के नेतृत्व में लड़ी जा रही थी। मुंबई में जब 'अंग्रेज़ों भारत छोड़ो' का नारा दिया गया था तब आपकी मातृ संस्था जिसके आपके ख़ुद सदस्य रहे हैं और जो आज तक रजिस्टर्ड नहीं है वो अंग्रेज़ों की फौज में भर्ती होने के लिए क्यों कह रही थी?...वो अंग्रेज़ों का साथ देने के लिए क्यों कह रही थी? उस समय अंग्रेजों के साथ खड़े होने के लिए क्या आप लोकसभा में माफी मांगेंगे? क्या पूरे देश से माफी मांगेंगे? क्योंकि आजादी के आंदोलन में आपका रवैया अंग्रेजों के साथ था, देशभक्तों के साथ नहीं था।"

कांग्रेस सांसद इमरान मसूद ने कहा- "इतिहास खंगालें और देखें कि कौन से संघ कार्यक्रम में इसका गुणगान हुआ? कौन नेता इनका लाठी खाकर जेल गया और सड़क पर लाठी खाकर कांग्रेसी नारे लगा रहे थे। उन्होंने कहा- "गुरु रवीन्द्रनाथ टैगोर ने इसके दो पैराग्राफ़ शामिल कराए थे, तो अब उनके खिलाफ बोलना शुरू कर दो। इतिहास की जानकारी नहीं है और अधूरी बातें बताएंगे। नेहरू जी ने देश को आत्मनिर्भर बनाया। उन्होंने वैज्ञानिक सोच पैदा की। उन्होंने देश को आगे ले जाने के लिए ब्लू प्रिंट तैयार किया।"

संसद में प्रियंका गांधी वाड्रा ने वंदे मातरम पर बहस के दौरान कहा- "ज़रूरी मुद्दों से देश का ध्यान भटकाने के लिए संसद में वंदे मातरम पर बहस की जा रही है क्योंकि यह सरकार इस देश के वर्तमान की असलियत छुपाना चाहती है। पेपर लीक, बेरोजगारी, आरक्षण, महंगाई, महिलाओं की और देश की तमाम समस्याओं पर संसद में चर्चा क्यों नहीं हो रही है? हिम्मत है तो वर्तमान की बातें कीजिए।"

लोक सभा में प्रियंका गांधी का मोदी सरकार पर तीखा प्रहार करते हुए कहा- "बंगाल चुनाव और अपनी विफलताओं को छिपाने के लिए छेड़ी गई है यह बहस।"

लोक सभा में कांग्रेस की वरिष्ठ नेता प्रियंका गांधी वाड्रा ने 'वंदे मातरम' पर छिड़ी बहस को लेकर प्रधानमंत्री नरेंद्र मोदी और केंद्र सरकार पर तीखा हमला बोला है। उन्होंने सरकार की मंशा पर सवाल उठाते हुए कहा कि यह हमारा राष्ट्रीय गीत है। जो हर भारतीय के दिल में बसा है, भला इस पर किसी तरह की बहस की गुंजाइश ही क्या है?" प्रियंका ने आरोप लगाया कि सरकार जानबूझकर इस मुद्दे को हवा दे रही है ताकि अपनी असफलताओं और वर्तमान की चुनौतियों से जनता का ध्यान भटका सके। संसद में प्रधानमंत्री के भाषण के कुछ ही घंटों बाद अपनी बात रखते हुए प्रियंका गांधी ने प्रधानमंत्री नरेंद्र मोदी के आरोपों का एक-एक कर जवाब दिया। उन्होंने कहा कि सरकार द्वारा 'वंदे मातरम' पर विवाद खड़ा करना एक "पाप" के समान है और इसके पीछे सरकार के तीन स्पष्ट उद्देश्य हैं।"

प्रियंका गांधी ने अपने संबोधन में बताया कि आखिर सरकार इस वक्त यह बहस क्यों

चाहती है- पश्चिम बंगाल चुनाव होने वाले हैं। उन्होंने कहा कि सरकार का पहला और मुख्य उद्देश्य आगामी पश्चिम बंगाल विधानसभा चुनाव हैं। प्रधानमंत्री वहां अपनी भूमिका निभाना चाहते हैं और अपना एजेंडा सेट करने के लिए इस मुद्दे का इस्तेमाल कर रहे हैं। दूसरा उद्देश्य बताते हुए उन्होंने कहा- "सरकार उन महान नेताओं पर आरोप लगाने का अवसर तलाश रही है, जिन्होंने आजादी की लड़ाई लड़ी और बलिदान दिए।...तीसरा और सबसे अहम कारण है बेरोजगारी और महंगाई जैसे ज्वलंत मुद्दों से लोगों का ध्यान हटाना।" प्रियंका ने कहा- "आप चाहते हैं कि हम अतीत में ही उलझे रहें क्योंकि यह सरकार वर्तमान और भविष्य की ओर देखने का साहस नहीं जुटा पा रही है। प्रधानमंत्री मोदी अब वो नहीं रहे जो कभी हुआ करते थे। उनका आत्मविश्वास डगमगा रहा है और उनकी नीतियां देश को कमजोर कर रही हैं।"

सदन में संविधान सभा के दिग्गजों महात्मा गांधी, नेताजी सुभाष चंद्र बोस, जवाहरलाल नेहरू, राजेंद्र प्रसाद, आचार्य नरेंद्र देव, सरदार वल्लभ भाई पटेल, रवींद्रनाथ टैगोर और भीम राव अंबेडकर का जिक्र करते हुए प्रियंका ने कहा- "राष्ट्रीय गीत के जिस स्वरूप को इन महापुरुषों ने स्वीकार किया था, उस पर सवाल उठाना उनका अपमान है।"

पंडित जवाहरलाल नेहरू पर प्रधानमंत्री नरेंद्र मोदी के लगातार हमलों का जवाब देते हुए प्रियंका ने एक खुली चुनौती दी। उन्होंने कहा- "मेरी एक छोटी सी सलाह है...कुछ महीने पहले चुनावों के दौरान प्रधानमंत्री ने विपक्ष द्वारा किए गए अपमानों की एक लिस्ट गिनाई थी। मेरी सलाह है कि आप पंडित नेहरू जी के खिलाफ अपनी शिकायतों की भी एक लिस्ट ले आएं। 990 शिकायतें हों या 9,999...जो भी गलतियां आपको लगती हैं, जो भी गालियां आप देना चाहते हैं, उनकी सूची बना लें।" उन्होंने आगे कहा- "जैसे हम 'वंदे मातरम' पर 10 घंटे चर्चा कर रहे हैं, वैसे ही इसके लिए भी समय तय कर लेते हैं। 10 घंटे, 20 घंटे या 40 घंटे... जितने घंटे में आपकी शिकायतें पूरी हो जाएं। एक बार चर्चा करके इस चैप्टर को हमेशा के लिए बंद कर देते हैं। देश सुनेगा कि इंदिरा जी ने क्या किया, राजीव जी ने क्या किया। लेकिन उसके बाद सदन का कीमती समय बर्बाद न करें क्योंकि जनता ने हमें यहां अपनी समस्याओं के समाधान के लिए भेजा है। उसके बाद हम बेरोजगारी, महंगाई और महिलाओं के मुद्दों पर बात करेंगे।"

प्रधानमंत्री नरेंद्र मोदी के इस दावे पर कि कांग्रेस और नेहरू ने मुस्लिम लीग के दबाव में 'वंदे मातरम' को विभाजित किया था। प्रियंका गांधी ने गीत का ऐतिहासिक कालक्रम पेश किया। उन्होंने बताया- "बंकिमचंद्र चट्टोपाध्याय ने वर्तमान राष्ट्रीय गीत के पहले दो छंद 1875 में लिखे थे और बाद में 1882 में अपनी पुस्तक 'आनंदमठ' में चार और छंद

जोड़े।" प्रियंका ने 1930 के दशक की सांप्रदायिक राजनीति का जिक्र किया। उन्होंने कहा- प्रधानमंत्री नरेंद्र मोदी ने सदन में 20 अक्टूबर 1937 को नेहरू द्वारा बोस को लिखे गए पत्र की कुछ पंक्तियां पढ़ीं, लेकिन पूरी सच्चाई नहीं बताई।" उन्होंने बताया- "उससे तीन दिन पहले सुभाष चंद्र बोस ने नेहरू को पत्र लिखा था। जिसमें इस मुद्दे को कांग्रेस वर्किंग कमेटी और टैगोर के साथ विचारने की बात कही गई थी।" प्रियंका ने नेहरू के जवाब का हवाला देते हुए कहा- "नेहरू जी ने लिखा था कि इसमें कोई संदेह नहीं है कि 'वंदे मातरम' के खिलाफ मौजूदा विरोध काफी हद तक सांप्रदायिक तत्वों द्वारा गढ़ा गया है और हमें उनकी भावनाओं के आगे नहीं झुकना चाहिए।" उन्होंने टैगोर के एक पत्र का भी जिक्र किया। जिसमें टैगोर ने स्पष्ट किया था कि हमेशा गाए जाने वाले दो छंदों का गहरा महत्व है। जबकि बाद में जोड़े गए छंदों की सांप्रदायिक व्याख्या की जा सकती है।" अपने भाषण के अंत में ऐतिहासिक तथ्यों को रखते हुए कांग्रेस नेता ने याद दिलाया कि जब सन् 1950 में डॉ. राजेंद्र प्रसाद ने संविधान सभा में घोषणा की थी कि गीत के पहले दो छंद ही राष्ट्रीय गीत होंगे, तब वहां सभी महान नेता मौजूद थे। उस समय भीम राव अंबेडकर और जनसंघ के नेता श्यामा प्रसाद मुखर्जी भी उपस्थित थे और किसी ने भी उस समय कोई आपत्ति नहीं जताई थी।" प्रियंका ने सरकार पर तीखा प्रहार करते हुए कहा- "आपकी राजनीति सिर्फ दिखावे और इवेंट मैनेजमेंट की है। वंदे मातरम देश की उन उम्मीदों की गुहार है, जिसे आपका शासन हर रोज ठुकरा रहा है।"

लोकसभा में 'वंदे मातरम' की 150वीं वर्षगांठ पर चर्चा के दौरान समाजवादी पार्टी के प्रमुख और उत्तर प्रदेश के पूर्व मुख्यमंत्री अखिलेश यादव ने कहा- "यह सिर्फ गाने के लिए नहीं, बल्कि निभाने के लिए भी होना चाहिए। अखिलेश यादव ने जोर देकर कहा- "वंदे मातरम कोई दिखावा नहीं है और इसे राजनीति का विषय नहीं बनाया जाना चाहिए।" इसके साथ ही अखिलेश यादव ने भारतीय जनता पार्टी पर तंज कसते हुए कहा- "ऐसा लगता है वंदे मातरम इन्हीं का बनवाया हुआ गाना है।" संसद में आज़ादी के दौर का ज़िक्र करते हुए उन्होंने कहा- "सरफरोश लोग वंदे मातरम दिल से बोलते थे। वहीं कुछ लोग अंग्रेजों के लिए जासूसी का काम करते थे।" सपा प्रमुख ने कहा- "हमें उन्हें याद करना चाहिए जो हमें ऐसा गीत देकर गए। जिसने न सिर्फ लोगों को जागरूक किया बल्कि लोगों में उत्साह भी भरा। जिस समय अंग्रेजों के खिलाफ लड़ाई लड़ी जा रही थी तब हमें वंदे मातरम ताकत देता था। हमें एकजुट करने का माध्यम बनाने के 150 साल पूरे हो रहे हैं।" उन्होंने आगे कहा- "जिस समय कलकत्ता के कांग्रेस के अधिवेशन में रविंद्र टैगोर ने गाना गाया, उसके बाद से ये आम लोगों के बीच पहुंच गया। जब कभी भी लोगों को अंग्रेजों

के खिलाफ जोड़ना होता था, तब उसी से लोगों को जोड़ा जाता था। हमारा कोई भी आंदोलन रहा हो उसमें भी हम इसी नारे के साथ चले। इससे लोग इतने एकजुट हुए कि अंग्रेज घबराने लगे। इतना घबराए कि जहां भी नारा लगा वहां लोगों को जेल भेजा जाना लगा। जिस समय बंगाल में बच्चों ने उसे स्कूल में गाया तब भी उनके खिलाफ मुकदमा कर उन्हें जेल भेजा।

रक्षा मंत्री राजनाथ सिंह ने भी वंदे मातरम पर चर्चा में हिस्सा लिया। उन्होंने आरोप लगाते हुए कहा कि वंदे मातरम के साथ जो न्याय होना चाहिए, वह नहीं हुआ। उन्होंने कहा- "वंदे मातरम सिर्फ एक गीत नहीं है, यह हमारी राष्ट्रीयता का सूत्र है, भारत की अंतरात्मा का स्वर है। आज जब हम वंदे मातरम की डेढ़ शताब्दी की गौरवशाली यात्रा का उत्सव मना रहे हैं, तब ये सच स्वीकार करना पड़ेगा कि वंदे मातरम के साथ जो न्याय होना चाहिए था, वह न्याय नहीं हुआ।"

उन्होंने कहा- "वह धरती, जिस पर वंदे मातरम की रचना हुई थी, उसी धरती पर वर्ष 1937 में कांग्रेस ने वंदे मातरम गीत को खंडित करने का निर्णय लिया था। इसलिए वंदे मातरम के साथ हुए राजनीतिक छल और अन्याय के बारे में सभी पीढ़ियों को जानना चाहिए। क्योंकि यह अन्याय केवल एक गीत के साथ नहीं था, बल्कि आजाद भारत के लोगों के साथ था। वंदे मातरम स्वयं में पूर्ण है, लेकिन इसे अपूर्ण बनाने की कोशिश की गई। वंदे मातरम हमेशा राष्ट्रीय भावना का अमर-गीत रहा है और मैं बल देकर कहना चाहता हूं कि यह सदैव बना रहेगा, दुनिया की कोई ताकत इसे कमतर नहीं कर सकती। इसलिए वंदे मातरम के साथ हुआ अन्याय एकमात्र घटना नहीं थी, यह तुष्टिकरण की राजनीति की शुरुआत थी, जिसे कांग्रेस ने अपनाया।"

रक्षा मंत्री राजनाथ सिंह ने कहा- "आजादी के बाद कांग्रेस ने भारत की सभ्यता, संस्कृति और यहां तक कि भारत के संविधान को भी हमेशा अपने संकीर्ण हितों की बलि चढ़ाई। तुष्टिकरण की राजनीति कांग्रेस के लिए हमेशा संविधान, भारत की संस्कृति, सभ्यता, संप्रभुता और मानवता के ऊपर रही है। वंदे मातरम के साथ कांग्रेस ने संविधान को भी खंडित करने का काम किया।"

लोकसभा में वंदे मातरम पर चर्चा के दौरान सांसद असदुद्दीन ओवैसी ने अपनी बात रखी। उन्होंने कहा- "वंदे मातरम को वफादारी का टेस्ट नहीं बनाया जाना चाहिए।" उन्होंने कहा- "वंदे मातरम को वफादारी का टेस्ट न बनाया जाए। संविधान सभी नागरिकों को बराबरी का अधिकार देता है। इस अधिकार को किसी भी धार्मिक पहचान या प्रतीक के साथ नहीं जोड़ा जा सकता।"

ओवैसी ने कहा- "अगर 'भारत में रहना है तो वंदे मातरम गाना होगा' का नारा जरूरी करना है तो यह संविधान और सुप्रीम कोर्ट के फैसले के खिलाफ है। मैं एक मुसलमान हूं और इस्लाम को मानता हूं और खुदा के अलावा मैं किसी को नहीं मानता हूं और इसका अधिकार मुझे संविधान देता है। इससे हमारे मुल्क की मोहब्बत मेरे धर्म के बीच नहीं आती है।"

उन्होंने कहा- "भारत का संविधान 'हम भारत के लोग' से शुरू होता है, किसी देवी-देवता या किसी धार्मिक पहचान से नहीं।"

आजाद समाज पार्टी के चंद्रशेखर ने कहा- "वंदे मातरम दिल की धड़कन है। इसे बांटने का जरिया मत बनाइए।

शिवसेना सांसद श्रीरंग आप्पा बारणे ने ऐसा नारा लगाया। जिस पर कुछ देर के लिए हंगामा के हालात बने। आप्पा ने कहा- "हमारे नेता बाला साहेब ठाकरे के कहते थे, भारत में रहना होगा तो वंदे मातरम कहना होगा। इसी बीच कांग्रेस सांसद प्रियंका गांधी भी चर्चा में शामिल हुईं। उन्होंने कहा- "वंदे मातरम भारत की आत्मा का हिस्सा बन चुका है। उन्होंने कहा- प्रधानमंत्री नरेंद्र मोदी बहुत अच्छा भाषण देते हैं, लेकिन तथ्यों के मामले में कमजोर पड़ जाते हैं। इसके बाद राजनाथ सिंह ने जवाब देते हुए कहा- "मां अपने बच्चों में कोई भेदभाव नहीं करती। इसी प्रकार, जन गण मन और वंदे मातरम भारत माता के दो सपूतों की किलकारियां हैं। उन्होंने बताया कि ये दोनों गीत न केवल देशभक्ति और राष्ट्रीय एकता का प्रतीक हैं, बल्कि स्वतंत्रता संग्राम में भी लोगों को एकजुट करने का काम करते रहे। राजनाथ सिंह ने कहा- "वंदे मातरम और जन गण मन भारतीय संस्कृति और राष्ट्रीय भावना की आत्मा हैं, जो हर भारतीय के दिल में गर्व और प्रेम की भावना जगाते हैं। ये गीत हमें देश के प्रति हमारी जिम्मेदारी याद दिलाते हैं।" राजनाथ सिंह ने कहा- "1885 से लेकर 1905 तक कांग्रेस का न कोई अपना राष्ट्रीय गीत था और न ही झंडा। अब समय आ गया है कि कांग्रेस गुलामी की मानसिकता को छोड़े और वंदे मातरम के पूर्ण स्वरूप को स्वीकार करे। रक्षा मंत्री राजनाथ सिंह ने कहा- "सभी पहलुओं को ध्यान में रखते हुए मैं यह कह सकता हूँ कि वंदे मातरम का लागू न होना धार्मिक कारणों से नहीं, बल्कि राजनीतिक कारणों से था। कुछ लोग इसे सांप्रदायिक कहकर अन्यायपूर्ण व्यवहार कर रहे थे, लेकिन महात्मा गांधी और डॉ. राजेंद्र प्रसाद ने इस गीत में कोई सांप्रदायिकता नहीं देखी।"

संसद में चल रही बहस के दौरान सहारनपुर से सांसद इमरान मसूद ने आधुनिक भारत के निर्माण में प्रथम प्रधानमंत्री पंडित जवाहरलाल नेहरू के योगदान को याद किया। मसूद ने सत्ता पक्ष को जवाब देते हुए कहा- "आज का भारत उसी 'ब्लूप्रिंट' पर मजबूती से खड़ा

है, जिसे पंडित नेहरू ने तैयार किया था।" इमरान मसूद ने भाजपा पर तंज कसते हुए कहा- "अगर पंडित जवाहरलाल नेहरू न होते, तो शायद आज ये लोग (भाजपा) भी न होते।" उन्होंने नेहरू की कार्यशैली और व्यक्तित्व की तारीफ करते हुए कहा- "वे बेहद 'बड़े दिल' वाले नेता थे।" मसूद ने जोर देकर कहा- "नेहरू ने कभी विरोधी विचारों को कुचला नहीं, बल्कि सभी विचारधाराओं को अपने अंदर समाहित किया और सबको साथ लेकर चले। उनके मुताबिक, इसी समावेशी सोच ने भारत के लोकतंत्र को जिंदा रखा है।"

भारतीय जनता पार्टी के नेता संबित पात्रा ने 'वंदे मातरम' विवाद के बीच इतिहास के पन्ने पलटते हुए पंडित जवाहरलाल नेहरू और कांग्रेस पर तीखा निशाना साधा। पात्रा ने नेताजी सुभाष चंद्र बोस द्वारा नेहरू को लिखी गई एक ऐतिहासिक चिट्ठी का हवाला दिया! जो 1937 की कांग्रेस वर्किंग कमेटी की बैठक से जुड़ी थी। पात्रा ने दावा किया कि 9 अक्टूबर 1937 को हुई इस बैठक के एजेंडे में यह प्रमुखता से शामिल था कि 'वंदे मातरम' का क्या किया जाए? उन्होंने सदन में कहा- "उस दौरान खुद नेहरू ने स्वीकार किया था कि उन्होंने बंकिमचंद्र चटर्जी के उपन्यास 'आनंदमठ' को बहुत जल्दबाजी में पढ़ा था। पात्रा ने इस वाकये का जिक्र करते हुए यह स्थापित करने की कोशिश की कि कांग्रेस का शीर्ष नेतृत्व शुरू से ही इस राष्ट्रगीत को लेकर असहज था और उन्होंने इसे गंभीरता से समझने की कोशिश नहीं की।"

समाजवादी पार्टी सांसद इकरा हसन ने दमदार तरीके से संसद में अपनी बात रखी। उन्होंने कहा- "फिर से भारतीय मुसलमानों को मुस्लिम तुष्टिकरण के नाम पर कठघरे में खड़ा करने की कोशिश हो रही है। हम बताना चाहते हैं कि हम भारतीय मुसलमान जिन्ना के आह्वान को ठुकरा कर अपने इस प्यारे वतन की मिट्टी से जुड़े रहे। हमने महात्मा गांधी, भीमराव आंबेडकर, रवींद्रनाथ टैगोर, सुभाष चंद्र बोस, मौलाना अबुल कलाम आजाद और अशफाक उल्ला खां के विचारों को अपनाया। मुसलमान इस देश में बाई च्वा इस हैं, बाई चांस नहीं।"

तृणमूल कांग्रेस सांसद महुआ मोइत्रा का शायराना अंदाज छाया रहा। उन्होंने अपने संबोधन की शुरुआत एक शेर से करते हुए कहा- "हमने आपकी बातें ध्यान से सुनी, राजनाथ जी और प्रधानमंत्री जी... बहुत खूबसूरत है हर बात, लेकिन अगर दिल भी होता तो क्या बात होती।" महुआ ने तंज कसते हुए कहा- "देश तमाम गंभीर चुनौतियों से जूझ रहा है, ऐसे समय में सदन में वंदे मातरम पर बहस होना ही विडंबना है।"

तृणमूल कांग्रेस की सांसद महुआ मोइत्रा ने कहा कि 24 नवंबर 2025 को राज्यसभा के संसदीय बुलेटिन में स्पष्ट रूप से लिखा गया था कि सदन की गरिमा बनाए रखने के

लिए 'जय हिंद', 'वंदे मातरम' या किसी भी तरह के नारे नहीं लगाए जाने चाहिए। उन्होंने कहा कि राष्ट्रीय स्वयंसेवक संघ की स्थापना 1925 में हुई, यानी वंदे मातरम प्रकाशित होने के 50 साल बाद। भारतीय जनता पार्टी तो 1980 में बनी यानी 105 साल बाद। मोइत्रा ने आरोप लगाया कि संघ परिवार खुद यह गीत नहीं गाता और भारतीय जनता पार्टी का वंदे मातरम के प्रति समर्पण, प्रेम एक बेकार कॉमेडी जैसा लगता है।"

शिवसेना (यूबीटी) की सांसद प्रियंका चतुर्वेदी ने देश के लोगों से अपील की कि वे वंदे मातरम पर हो रही इस चर्चा को ध्यान से सुनें, ताकि सही इतिहास दर्ज किया जा सके। उन्होंने यह भी मांग की कि भारत छोड़ो आंदोलन और स्वतंत्रता संग्राम पर भी इसी तरह की चर्चाएं हों, ताकि वाट्सएप से इतिहास सीखने वाले लोगों की गलतफहमियां दूर हों। शिवसेना सांसद ने कहा- "आज वॉट्सऐप से इतिहास पढ़ाने की कवायद हो रही है। लोगों को देश के सही इतिहास से दूर करने की साजिश चल रही है।"

केंद्रीय गृह मंत्री अमित शाह ने वंदे मातरम पर राज्यसभा में चर्चा की शुरुआत की। उन्होंने वंदे मातरम को दो हिस्सों में अलग किए जाने को कांग्रेस का तुष्टिकरण प्रयास बताया।...वंदे मातरम अंग्रेजों के शासन में प्रतिबंधों के बावजूद भारत के पुनर्निर्माण का मंत्र बना था।...वंदे मातरम पूरे भारत में स्वतंत्रता संग्राम का प्रेरणास्रोत था और देश की आत्मा को जागरूक किया...जब अंग्रेजों ने वंदे मातरम पर कई प्रतिबंध लगाए तब बंकिम बाबू ने एक पत्र में लिखा था- "मुझे कोई आपत्ति नहीं है। मेरे सभी साहित्य को गंगा जी में बहा दिया जाए, यह मंत्र वंदे मातरम अनंतकाल तक जीवित रहेगा। यह एक महान गान होगा और लोगों के हृदय को जीत लेगा और भारत के पुनर्निर्माण का यह मंत्र बनेगा।"

केंद्रीय गृह मंत्री अमित शाह ने कहा- "वंदे मातरम ने एक ऐसे राष्ट्र को जागरूक किया जो अपनी दिव्य शक्ति को भुला चुका था। राष्ट्र की आत्मा को जागरूक करने का काम वंदे मातरम ने किया इसलिए महर्षि अरविंद ने कहा वंदे मातरम भारत के पुनर्जन्म का मंत्र है।"

अमित शाह ने कहा- "वंदे मातरम की दोनों सदनों में इस चर्चा से, वंदे मातरम के महिमा मंडन से, वंदे मातरम के गौरव गान से हमारे बच्चे, किशोर, युवा और आने वाली कई पीढ़ियां वंदे इसके महत्व को भी समझेंगी और उसको राष्ट्र के पुनर्निर्माण का एक प्रकार से आधार भी बनाएगी।"

प्रियंका गांधी के बयान पर अमित शाह ने पलटवार करते हुए कहा- "वंदे मातरम के 100 साल पूरा होने पर आपातकाल लगा। वंदे मातरम बोलने वालों को जेल भेजा गया।"

अमित शाह ने आगे कहा- "इंडिया अलायंस के ढेर सारे लोगों ने कहा था कि हम वंदे

मातरम नहीं गाएंगे। कई सारे सदस्य संसद में बैठे होते हैं तो भी बाहर चले जाते हैं। भारतीय जनता पार्टी का एक भी सदस्य वंदे मातरम के गान के समय सम्मान में खड़ा न हो, ऐसा हो ही नहीं सकता। कांग्रेस के कौन-कौन से सदस्य वंदे मातरम के दौरान चले गए उनकी सूची मैं रख दूंगा, उनका नाम इस चर्चा में रखा जाए।"

अमित शाह ने कहा- "वंदे मातरम सिर्फ बंगाल तक सीमित नहीं था। वंदे मातरम का गान और गीत भारत माता को गुलामी की जंजीरों से मुक्त करने का नारा बना था। आजादी के संग्राम का बहुत बड़ा प्रेरणास्रोत बना था। शहीदों को सर्वोच्च बलिदान देते वक्त अगले जन्म भी भारत में जन्म लेकर पुन बलिदान की प्रेरणा वंदे मातरम देता है।...ब्रिटिश शासन में वंदे मातरम बोलने वालों पर कोड़े बरसाए जाते थे। वंदे मातरम अपने प्रताड़नाओं को झेलते हुए भी कश्मीर से कन्याकुमारी तक फैला। अंग्रेजों की गुलामी के दौर में इसकी रचना हुई। वंदे मातरम का आजादी की लड़ाई में योगदान है। अंग्रेजों ने नई संस्कृति थोपने की कोशिश की थी। वंदे मातरम उस समय पुनर्जागरण का मंत्र था।"

गृह मंत्री ने कहा- "वंदे मातरम ने आजादी की लड़ाई में ऐसा जोश भरा कि यह नारा देशभर में स्वतंत्रता का उद्घोष बन गया। कुछ लोग इस चर्चा पर सवाल उठा रहे हैं। उन्हें समझ नहीं आ रहा कि वंदे मातरम पर चर्चा क्यों हो रही है, उन्हें अपनी समझ पर नए सिरे से विचार करना चाहिए।"

सदन में अमित शाह ने कहा कि वंदे मातरम गीत मां भारती की वंदना है। भक्ति है और राष्ट्र के प्रति हमारे कर्तव्य का स्मरण है।... वंदे मातरम को बंगाल चुनाव से जोड़कर देखना गलत है। यह गीत बंगाल ही नहीं, पूरे देश की धड़कन है और दुनियाभर में भारत की पहचान है।"

केंद्रीय गृह मंत्री अमित शाह ने कहा- "यह गीत आज भी उतना ही प्रासंगिक है जितना स्वतंत्रता संग्राम के दौरान था और जब 2047 में भारत विकसित राष्ट्र बनने की ओर बढ़ रहा होगा, तब भी वंदे मातरम की भावना उतनी ही मजबूत रहेगी।"

लोकसभा में 'वंदे मातरम' के ऐतिहासिक महत्व को लेकर एक लंबी और गंभीर चर्चा हुई। यह बहस करीब 12 घंटे 45 मिनट तक चली, जो देर रात तक जारी रही। इस दौरान पक्ष और विपक्ष के कुल 66 सांसदों ने अपने विचार रखे। चर्चा के दौरान स्वतंत्रता संग्राम में इस गीत की भूमिका और सांस्कृतिक राष्ट्रवाद पर तीखी बहस सुनने को मिली। देर रात कार्यवाही खत्म होने के बाद लोकसभा अध्यक्ष ने सदन को मंगलवार सुबह 11 बजे तक के लिए स्थगित कर दिया।

संसद के दोनों सदनों में वंदे मातरम पर हुई चर्चा के विषय में आम नागरिक अलग-

अलग विचार रखते हैं लेकिन इसके बावजूद प्रबुद्ध नागरिक यह स्वीकार करते हैं कि 'वंदे मातरम' जैसे पवित्र शब्द और गीत पर सार्थक चर्चा होनी चाहिए थे। आज जो लोग वंदे मातरम गीत के विषय में गर्मागर्म चर्चा कर रहे हैं वह यह क्यों भूल जाते हैं कि उनके पूर्वजों ने इस विषय पर तत्कालीन समय में क्या रुख अख्तियार किया था। आम नागरिकों का मत है कि सत्ता पक्ष ने कांग्रेस विचारधारा का ही समर्थन करते हुए वंदे मातरम गीत पर अपने विचार व्यक्त किए।

❐

संदर्भ

1. चित्तरंजन बंदोपाध्याय, “वंदे मातरम-ओ-स्वदेशी आंदोलन”, 1995 (बंगाली पत्रिका)।
2. माइकल किन्नियर, द ग्रामोफोन कंपनी की पहली भारतीय रिकॉर्डिंग।
3. द रिकॉर्ड न्यूज़- ‘सोसाइटी ऑफ़ इंडियन रिकॉर्ड कलेक्टर’ की पत्रिका, मुंबई, खंड 27-30 (1998-1999)। संपादक: सुरेश चांदवणकर
4. वाणिज्यिक सीडी, कैसेट और ग्रामोफोन रिकॉर्ड।
5. वंदे मातरम : एक गीत जो मंत्र बन गया, ई-बुक, डॉ. संदीप कुमार शर्मा,
6. पोस्ट बॉक्स नंबर 111, वंदे मातरम @150 : पर डॉ. शिवशंकर अवस्थी और डॉ. संदीप कुमार शर्मा की सूत्रधार नीलम मलकानिया से वार्ता, प्रसारण- 9/11/2025, एफ एम रेनबो पर प्रसारित।
7. प्रेस सूचना ब्यूरो
8. टेरेसा जोसेफ, राजनीति विज्ञान की एसोसिएट प्रोफेसर और गांधीवादी अध्ययन केंद्र, अल्फोंसा कॉलेज, पाला, केरल की निदेशक हैं।
9. ए.एम. थॉमस, महात्मा गांधी विश्वविद्यालय, कोट्टायम, केरल के अंतर्राष्ट्रीय संबंध एवं राजनीति स्कूल के पूर्व प्रोफेसर और निदेशक हैं।

❑❑❑

सामवेद
यजुर्वेद
अथर्ववेद
ऋग्वेद
शिव पुराण
विष्णु पुराण
स्कंद पुराण
कल्कि पुराण
भविष्य पुराण
कूर्म पुराण
हरिवंश पुराण
गणेश पुराण
ब्रह्म पुराण
ब्रह्मवैवर्त पुराण
गरुड़ पुराण
देवी भागवत पुराण